空爆と制裁

元モスクワ特派員が見た
戦時下のキーウと
モスクワ

産経新聞記者
黒川信雄
NOBUO KUROKAWA

AIR STRIKES AND SANCTIONS

KYIV AND MOSCOW DURING THE WAR AS SEEN BY
A FORMER MOSCOW CORRESPONDENT

ウェッジ

はじめに INTRODUCTION

『ロシア軍がウクライナ侵攻　プーチン氏が軍事作戦、施設攻撃』

二〇二二年二月二四日の現地時間未明、ロシアはウクライナへの全面侵攻を開始した。私は、それを知らせる共同通信社のニュース速報を、京都から産経新聞の大阪本社に戻るJR京都線の列車の中で受け取った。ちょうど、ロシア・ウクライナ間の緊張が高まる中で、旧ソ連諸国の人々の友好を願う文化イベントを開催しようとしていた、関西在住のロシア人女性に取材をしたところだった。スマートフォンの画面に表示された、ウクライナで戦争が始まったとの現実に、ただただ衝撃を受けることしかできなかった。

二一世紀のヨーロッパにおいて、あたかも一九世紀の帝国主義の時代のような領土をめぐる戦争を引き起こしたロシア。だが侵攻直前まで、多くの専門家は、合理的な観点から、戦争は「起こり得ない」と否定しており、その思いは私も同様だった。ロシアに駐在した元モスクワ特派員として、そしてプーチン大統領の狡猾な振る舞いに翻弄された身として、合理的に考えれば、ロシアにとっても取り返しのつかない打撃を与えるであろう全面侵攻に、プーチン大統領が踏み切るはずはない——。しかし、その考えはあっけなく打ち砕かれた。

ほどなく、海外報道を手がける東京の部署の応援に呼ばれた。私は一九九〇年代半ばのソ連崩壊直後のロシアに一年間ほど語学留学して以来、何度かロシアやウクライナを取材で訪れ、二〇一八年一月までの約三年間、プーチン政権下のロシアに駐在していた。戦後の世界秩序を覆しかねない戦争に対し、産経新聞も総力戦体制で報道に臨むなか、その取り組みに記者として参加できることは、大きな喜びではあった。

そして二〇二二年五月にロシアの、同年一〇月にウクライナの地を数年ぶりに踏むことになる。かつてとは違い、今やそこは、戦時下の国であった。

空爆と制裁

本書は、二〇二二年の開戦後、ロシアとウクライナ、モスクワとキーウの双方の現場に入り、そこで集めた多くの人々の声を軸に展開している。突然世界を大混乱に陥れたウクライナ侵攻はなぜ起きたのか。目を覆いたくなるような残虐な事態の数々を前に、双方の国民は何を感じ、どこに向かおうとしているのか。そしてそれは、私たちを含むそれ以外の国々の国民にとり、どのような意味を持つのか。そのような疑問に対する答えを、一般の人々の視点を踏まえ、紡ぎ出そうとしている。

各章では、戦争開始から約八カ月後の二〇二二年一〇～一一月のウクライナ各地の現状、そして、それに先立つ同年五～六月のロシア・モスクワでの取材から、戦時下の両国の社会の現状を紹介している。ロシアについては、制裁による経済への影響、その実情についても解説した。

その上で、両国を率いるゼレンスキー大統領、プーチン大統領の言動から、彼らが何を考え、何を目指そうとしているのかを追い、その上で今回の戦争が、世界に対しどのような影響を及ぼしているかについて触れている。

「一体、なぜこのようなことが起きてしまっているのか」「これから、私たちの生活はどうなっていくのか」という、誰もが抱く思いと疑問に、読者の方々の関心に応じて、何らかの答えが導き出せるのではないかと思う。また、話し言葉を多用するなど、可能な限り読みやすい文章を心掛けた。

また、一部の文章においては、取材相手の安全などを守るために、偽名で紹介しているケースがあることもご容赦いただきたい。

ロシアもウクライナも、そこに住むのはごく普通の人々であり、国をたがわず彼らはいずれも悩み、苦しんでいる。空爆の恐怖にさらされても、またテレビが語らない自国が仕掛けた戦争の闇を感じ罪の意識を持ちながらも、彼らの目の前には日本人のわれわれと大きくは変わらない日々の生活があり、家族の幸せや健康、仕事、学業について思い悩んでいる。

それらをありのままに紹介することで、今起きている不条理な現実の実相に対する読者の皆様のご理解に少しでもお役に立てることがあれば、望外の喜びである。

空爆と制裁　元モスクワ特派員が見た戦時下のキーウとモスクワ《目次》

SECOND PART

第二部

＊本文中の写真はすべて筆者撮影

ロシア・ウクライナ周辺地図

2014年、ロシアはウクライナ領のクリミア半島を一方的に併合し、加えてウクライナ東部・南部にて親ロシア派の騒乱を誘発した。特に東部のドンバス（ドネツク州・ルハンシク州）では親ロシア派の「ドネツク人民共和国」および「ルガンスク人民共和国」が独立を宣言してウクライナ政府との戦闘状態に突入し、ロシアもそれら親ロシア派を強力に支援。以後8年間、国際社会による和平の試みも実を結ばず、この事実上の戦争状態が継続したまま、2022年2月24日のロシアによる全面侵攻を迎えることとなる。

全面侵攻に際しロシア軍は南部と東部、および北部のベラルーシ国境からも侵攻した。一時はウクライナの首都キーウの目前まで迫ったが、ウクライナ軍はこれを撃退。またウクライナは、2022年9月にはハルキウ州の大部分を、同年11月にはヘルソン州の州都ヘルソンをロシアから奪還した。

しかし2023年の反攻作戦では、思うような戦果は上がらず、戦線は膠着状態となったまま、2024年を迎えた。2024年1月現在もルハンシク州、ドネツク州、ザポリージャ州、ヘルソン州、クリミア半島にわたる広大な領域が、ロシアの支配下に残されている。

またロシアは後方のウクライナ領に対しても、連日のように空爆を実施しており、犠牲者数は積み上がる一方だ。

提供：平凡社地図出版／ROOTS 政策委員会／アフロ

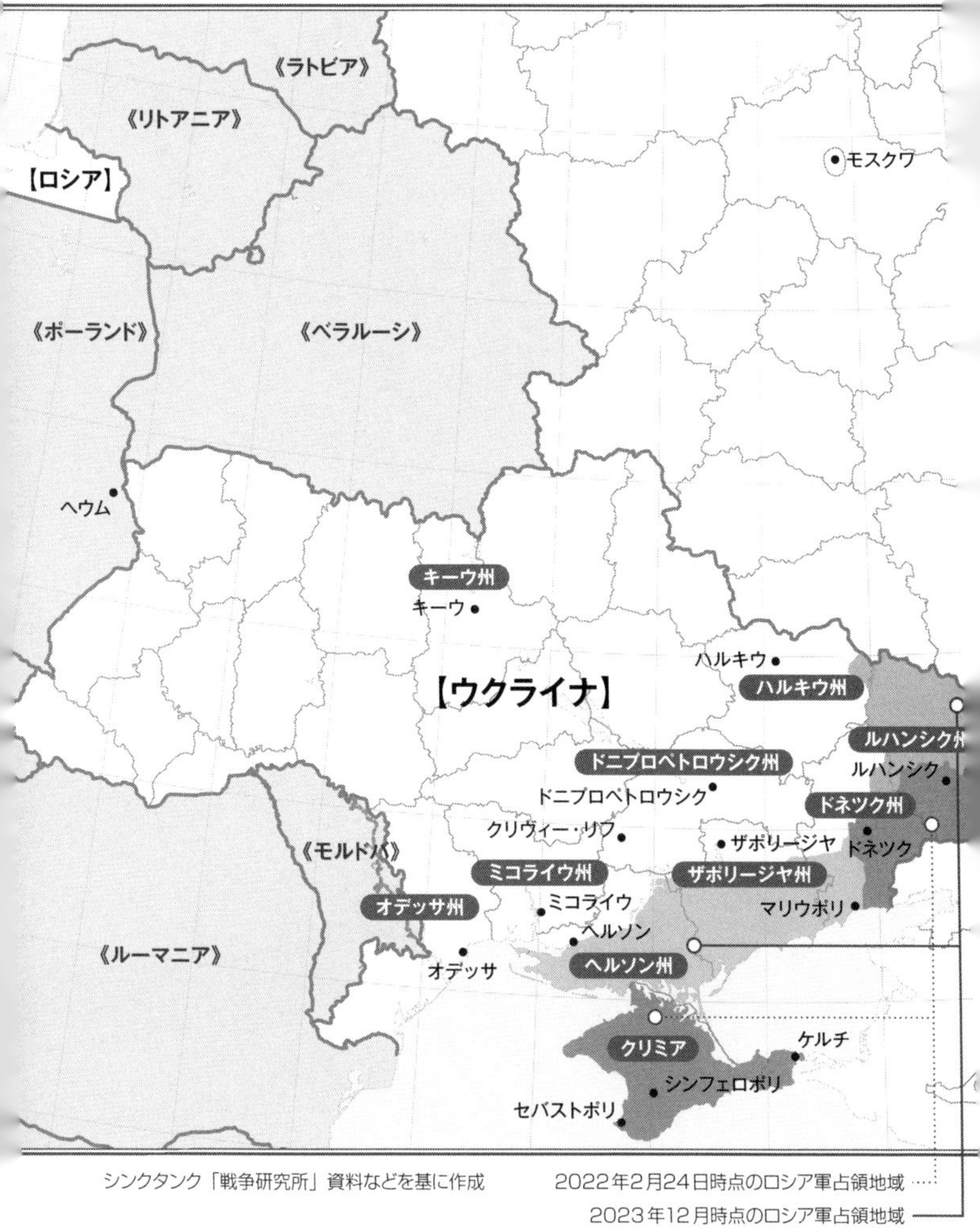

シンクタンク「戦争研究所」資料などを基に作成

2022年2月24日時点のロシア軍占領地域

2023年12月時点のロシア軍占領地域

プロローグ PROLOGUE

「本当にたくさんの人が殺された。女も殺された。ロシア軍はあのビルで、領土防衛隊の男らを撃ち殺していたんだよ。あいつらが去ってから見に行ったら、建物の角のところに八人も死体が転がっていた。手はテープで縛られていてね。恐ろしかった。口が開いていて、目がえぐられたようになっていた」

「この通りの一番端に息子の家がある。壊されていないか、見に行こうとしたんだ。そしたら、たどり着くまでだけで、七人の死体を見たんだ。車がたくさん壊されていて、車の中でも人が死んでいた。引きずり出されていた人もいた」

八〇代のオリガと、六〇代のターニャは、わずか半年前まで続いていたロシア軍の占領下での生活を、とめどなく語り続けた。彼女らは時折深いため息を吐きつつも、そのような光景は〝ブチャでは当たり前のことだった〟という風に、淡々とした表情で話していた。

ウクライナの首都キーウの中心部から、わずか二五キロメートルの距離にある町、

虐殺の舞台となったブチャの「ヤブルンスカ通り」

ブチャ。地下鉄とタクシーを乗り継げば、一時間程度でキーウから訪れることができる。ロシア軍による首都制圧が目前に迫っていた事実を、痛切に感じさせられた。

二〇二二年二月二四日に開始されたロシア軍の全面侵攻の直後に、ブチャは占領された。ロシア軍は三月末に撤退したが、その直後に約四〇〇人もの民間人の惨殺死体が路上など町の各所で発見され、世界中に衝撃を与えた。

ふたりの女性は、その中心部にある「ヤブルンスカ通り」と呼ばれる幹線道路沿いに住んでいた。通称、〝死の通り〟。ロシア軍は、この通り沿いの建物を拠点とし、そこではウクライナ軍との関係が疑われた住民に対する拷問や殺害が行われていた。通り沿いの住民も数多く殺され、解放直後に路上で多数の死体が発見されたことから、そのように呼ばれていた。

私は二〇二二年一〇月に、ブチャに入った。ロシア軍の占領下に実際に置かれ、その後解放されて、占領当時の様子が明らかになった都市として、ブチャはあまりに多くのことを教えてくれている。今回のウクライナ侵攻の実態を理解していただく上でも、この町で起きた実態をまず、紹介させていただきたい。

虐殺が当たり前の生活

ロシア軍はブチャ占領後、この通りにある大型倉庫と一体になっている古いビルを拠点にした。オリガとターニャはそのヤブルンスカ通り沿いの、ロシア軍の拠点から目と鼻の先の距離にある家の住人だった。逃げることもできなかった彼女らは、二月末から約一カ月間、過酷なロシア軍の占領下での生活を実体験した。

顔写真の撮影は「やめておくれ」と言って、断られた。当時、ロシア軍が撤退して半年以上が過ぎていたが、たった数十キロメートルの距離にあるベラルーシの国境から、ロシア軍が再侵攻する可能性が高まっていた局面だった。再び占領下に戻り、海外メディアに協力した事実がばれれば、彼女たちの命はない。撮影はあきらめた。

ロシア軍占領下では、住民の殺害が日常茶飯事で、彼女たちの生活で当たり前の光景となっていた。

「この家では、ふたりが殺された。こっちの家は長年誰も住んでいなかったから、ロシア兵はここに死体を運び込んできたんだ。道路に何やら標識を立ててね。それから、私を呼びつけて〝これはお前の知り合いじゃないのか〟と聞いてきた。でも知らない男だった。死体の周りには、お金やら身分証明書やらが散らかっていた」

「ここでは死体が八日間も置き去りにされていたんだ。それからロシア兵は〝埋めろ、ただし、庭にだ〟と言ったんだよ。庭にだって！　墓地に埋めることは許されなかったんだ。ほかにも、銃で撃ち殺された男の死体が転がっていた。うちの庭は、死体を埋める穴だらけになったよ。空では、ロシア軍の飛行機が低空で飛んでいた」

ふたりは自分の周りで起きていた凄惨な事態の光景を、時間を忘れたようにとめどなく語り続けた。ブチャでの惨劇をめぐっては、ロシアからはプーチン大統領をはじめとする政権幹部、国営メディアなどから「フェイクニュース」と主張する声が繰り返し上がっている。私のロシア人の知人にも、「すべてウソだ」と語る人がいた。

しかし、この町には虐殺の記憶がいくらでも転がっていた。町全体が、ロシア軍の苛烈な占領の実態を証明していた。覆い隠しようがない事実だった。

統率がとれていないロシア軍

ロシア軍による電撃的な侵攻は、ブチャの住民らをパニックに陥れた。ただ、住民らが町を脱出することは、極めて困難だった。路上に出ること自体が、理由もなく銃殺される危険を伴ったからだ。その結果、オリガやターニャのような高齢者は、否応でもロシア軍兵士らとともに占領下で〝共同生活〟を営むことを余儀なくされた。同様の事態は現在も、ウクライナ全土の被占領地帯で起きていることが推察される。

「私の夫は八五歳で目が見えない。歩くこともできない。地下室に逃げ込もうとしたがそれすらできなかった。夫は〝どこにでも行ったらいい。俺は二〇歩、歩いたんだ。もう歩けない〟と言ったんだ」

オリガはそう言って首を振った。ターニャも、九〇歳の義母を抱えて、身動きを取ることができなかったという。

ブチャに侵入したロシア兵は統率がとれておらず、住民に対する対応も異なってい た。それが、住民生活を一層混乱させた。

ターニャの証言によれば、あるロシア兵は、彼女を自宅から脱出させることを提案してきたという。しかし、結局は「俺は構わないが、向こうの兵士はそうはさせてくれないようだ」と言って、実現しなかった。

ターニャは「わが家の周りで脱出できたのは、わずかな人数だけだった。あとは、脱出しようとしたけど、殺されたんだ。このあたりでは一〇人ぐらいが家に残っていたと思う」と当時を回想した。

残された住民は、いつ殺害されるかわからない恐怖と、先が見通せない絶望に包まれながら、ロシア兵の蛮行に耐えるしかなかった。

「ロシア兵はただ、滅茶苦茶をやっていたんだ。この庭で、料理をしていた（住人の）男がいたんだ。確かコーリャとかいう名前だった。でも銃で撃たれて死んだんだ。ただ料理をしていただけなのにね」

「残された私たちは、〝じっと〟暮らそうとしていた。バジク（という男性）と、ターニャの息子のセリョージャと一緒にね。男たちは焚き木を持ってきて、私の家のかまどで燃やした。水は井戸から汲んできた。ロシア兵らは、私たちを連れていくつもりだったんだろうけど、私はターニャとここに残って料理をしていた。ひどいことが起きても、あたかも何もなかったかのようにね」

彼女らは、占領下での生活という精神的な重圧をなるべく感じないよう、可能な限り「何事もなかった」かのように生活した。しかしそれは、常に兵士らに殺害される恐怖と隣り合わせだった。ロシア兵が、なかば無差別に住民を殺していた実態も浮かび上がった。

「酔っぱらった男（住民）がひとりで道を歩いていたんだ。ロシア兵が〝今来たところに戻れ！〟と言ったけど、男が〝俺はロシアのパスポートを持っているんだ〟と言い返したら〝ダダダダダ〟って銃で撃たれてね。それで道路からどけられて、それまでさ」

「オレグ（近隣の住民）と会ったんだ。それで、〝お母さんはどうしているんだ〟って聞いたら、〝もういない。撃ち殺された〟っていうんだ。家の中にいたけど、窓の外から撃たれたんだって。窓は割れなかったけど、弾が貫通して、母親が死んだっていうんだ」

ブチャに侵入したロシア軍は、住民がいようがいまいが、住宅や店などを勝手に占拠して住まいとして使っていた実態が証言から明らかになっている。企業のオフィスなどを軍の拠点とするケースも多かったが、備品などは根こそぎ略奪された。さらにロシア兵が撤退した際には、それらの建物に地雷を仕掛けることも頻繁だった。戻ってきた住民は、再びその被害に巻き込まれた。

オリガの家も、占領中はふたりのロシア兵が断りもなく住み着いたという。

「ここにはふたりの若い男がいた。ひとりはカザフ系で、カズムラットという名前だった。もうひとりはババという名前だった。自分が何者かは明かさなかったが、ふたりとも二〇歳だった」

「あいつらが去った後は、ひどい状況だったんだよ。電子レンジを踏みつけて、ベッドもテーブルも滅茶苦茶にしていった。何て言ったらいいのか、そんな風に生活するなんてことがあるのかね！」

オリガは、兵士らに暴行される危険性も感じていた。

「あいつらは一度私の家に来て、孫（一二歳と六歳の女の子）の写真を見つけたんだ。

それで、〝この子たちはどこにいるんだ〟と聞いてきたから、〝外国だよ〟と答えたんだ。私はとにかく、ひどい格好をするようにしていた。頭巾をかぶって、両手で杖をついて。私たちはもう女の子じゃないけどね。きれいでもないけどね。でも、もっとひどい格好をするようにしていた。ロシア人が何をしでかすか、わからないからね……」

困難なブチャからの脱出

ブチャはキーウに隣接し、通常なら車で約四〇分程度の距離にある、自然豊かなベッドタウンだ。侵攻前の人口規模は約三万七〇〇〇人で、キーウに通勤するビジネスマンや、その家族が多く居住していた。

しかしブチャ、そして周辺にあるイルピン、ホストメリなどの新興住宅地は、キーウへの距離が近かったために、短期のキーウ制圧を狙ったロシア軍の侵攻の被害を真っ先に受けた。ウクライナ北部・ベラルーシ間の国境から侵入したロシア軍は、まず国際空港があるホストメリを制圧し、その後ブチャに進軍したとみられている。

ブチャにロシアの地上軍が侵入した時期をめぐっては、全面侵攻が始まった三日後の二月二七日ともいわれるが、地元の青年団体で代表を務めるリュボミル・ジャノフは「二四日の午前四時に、家の近くで爆発音が聞こえた」と証言している。混乱した状況であり、詳細はわからないが、ロシア軍が真っ先に標的として定めていた実態が窺える。

リュボミルの証言に沿って、侵攻開始当時の状況を振り返りたい。

ロシア軍の全面侵攻が始まったのは二〇二二年二月二四日のことだ。この日の未明に爆発音を聞いたリュボミルだったが、「その後は、午前一一時ごろまでは静かだった」と語る。午前中には通常通り、仕事で会議に参加していたという。

しかし一一時五〇分ごろに、近隣で煙が上がった様子を窓から目撃した。リュボミルは即座に、地下のシェルターに逃げ込んだ。

「半日もすれば、元に戻ると思った」というが、現実は異なっていた。シェルターには一〇〇人ほどの住民が避難していたが、リュボミルは避難住民のまとめ役として、必要な物資を聞いて回るなど、住民のサポートに尽力した。しかしほどなくロシア軍の攻撃が本格化し、深夜も爆撃音が響き渡り続けるようになっていった。

リュボミルは二七日にシェルターをいったん出たが、「ロシアとウクライナのどちらが、この地域をコントロールしているのかわからなかった」と証言する。住民らの生活は混乱を極めた。リュボミルは、自分が住むマンションの女性住民が殺された事実や、周辺に駐車していた自動車などが徹底的に破壊された状況を知った。

三月三日には、切断されていたインターネットへの接続が回復し、リュボミルはウクライナ軍がブチャを奪還したと期待を抱いた。しかし、実際は逆で、むしろ占領が広がっていた。

三月九日になってようやく、ブチャの行政機関は住民をバスで避難させる計画を決

ブチャとキーウ市内をつないでいた橋は、取材当時、再建が進められていた

めた。ただ、バスはブチャまで容易には到着せず、多くの住民が自分の車に「子供(が乗っている)」と書いたり、白い布を巻いたりして脱出を試みたという。ただ、そのような試みがどれほど成功したかは不明だ。

三月一〇日にようやくバスが到着して、一般市民の脱出が始まったが、バスは本来なら約四〇分でキーウにたどり着くのに、六時間あまりかかったという。攻撃の危険を避けるために低速で進んだり、検問などが入念に行われていたりしたと思われる。

リュボミルは、自分の車でバスの後を走る形でブチャから脱出したが、その時点ではブチャ市内においてはすでに、「水も電力も供給されておらず、インターネットも止まっていた」という。

ロシア軍は、三月一二日にはブチャを完全に占領したとされる。そして、ブチャから脱出できなかった人々には、さらに厳しい現実が待ち受けていた。

「ザチーストカ(掃討)」作戦

「私の甥のアンドリーも連れていかれたんだ。アンドリーは、地域の領土防衛隊(軍に協力して地域防衛を担う義勇兵組織）に入っていたからね。それで家からいきなり連行されて、ロシア軍の拠点で拷問されたんだ。母親が来て、ロシア兵に懇願して、ようやくアンドリーは解放された。アンドリーの顔は血まみれになっていて、腕と足がちぎれそうな状態になっていたよ。指の骨も、滅茶苦茶に折れていた」

「私がロシア軍の拠点だった建物に行ったら、男たちが倒れていたんだ。顔にTシャツをかぶせられて、後ろ手で縛られていた。男たちは領土防衛隊のメンバーだったんだ。ロシア軍に連行されて、そこで銃殺されたんだよ」

前出のオリガの証言だ。ブチャでロシア兵は、一軒一軒住宅を回り、住民を尋問したり、家屋の中を徹底的に物色したりして、住民がウクライナ軍と関係を持っていないかを洗い出す作業を行った。「ザチーストカ（掃討）」といわれる行為だ。疑いを持たれた住民は連行され、拷問を受けたり、その場で殺害されたりした。

ロシア軍の占領手法である「ザチーストカ」という言葉が世界で知られたのは、これが初めてではない。ロシアが連邦内のチェチェン共和国を制圧した、第二次チェチェン紛争（一九九九〜二〇〇九年）の事例がある。ロシア軍がチェチェン共和国の首都、グロズヌイを制圧した直後の二〇〇〇年二月五日に、同市近郊のアルディで実施した作戦が特に有名だ。

国際人権団体「ヒューマン・ライツ・ウォッチ」によれば、作戦に従事した兵士らは民家を一軒一軒捜索し、チェチェン義勇兵との関連を調査する中で、身分証明書が不十分などの理由で幼児から高齢者までの多くの住民を殺害した。金品や貴重品を差し出すよう要求したケースもあったといい、強奪が目的だった可能性もある。女性が強姦されたケースもあった。

ブチャで行われたザチーストカをめぐっては、アメリカのAP通信がほかの報道機関、研究機関と合同で、監視カメラの映像や盗聴されたロシア軍兵士の通話、住民の証言を調べてまとめたルポルタージュを二〇二二年一一月四日に公表している。

AP通信によれば、ロシア軍がヤブルンスカ通りの占拠をほぼ終えたのは三月四日のことだった。ウクライナ北部の三月の気温は氷点下を大きく下回る。映像には、占領開始後に家族連れがロシア軍の拠点に誘導される様子や、九人の男性が、数珠つなぎで連行される映像などが含まれていた。ロシア軍の戦車が侵入する様子をスマートフォンで撮影していたという少年が連行され、その後、殺害された実態なども報じられた。AP通信による詳細なルポは、ブチャ解放後に現地に入った各国メディアの報道や、私の取材内容とも多くの点で一致していた。

お前たちを〝解放〟しに来た

電光石火の進撃で、キーウ制圧を狙ったロシア軍。当初は作戦が成功裡に進んでいたためか、ロシア兵らの動きは一定の自制も感じられるものだったという。

ヤブルンスカ通りに住むターニャは、私にこう証言した。

「最初のころは、ロシア兵はそこまで過激じゃなかった。最初はここに来て、シェルター（ロシア軍の拠点内にあった地下室）に行け。さもなければ、撃たれるぞと警告していった。ということは、あいつらは私たちを生かしておく考えだったんだ」

ターニャは、ロシア兵らの心情を示す証言として、こうも語った。

「『俺たちはお前たちを〝解放〟するために来たんだ。二、三日したら、プーチンとゼレンスキーが合意して、一緒に生きていくことになる。ロシアと、ウクライナがだ』。でも、それは最初だけだった。ウクライナがロシアに降伏しなかったから、あいつらはだんだんと怒り始めたんだ」

これらの証言からは、ロシア軍が極めて短期間でのキーウ制圧を視野に入れていた実態がわかる。最下層の現場の部隊にもそのような認識が広がっていた。

高齢のオリガに対しては、ひとりのロシア兵は缶詰やクッキー、お茶などを持ってきたという。占領開始当初は、危害がないと判断した一般市民に対しては、人間性のある振る舞いをする兵士もいたようだ。

しかし、キーウ近郊まで攻め入ったロシア軍に対し、ウクライナ軍はアメリカから提供された携帯型の対戦車兵器「ジャベリン」などを用いて、巧みな戦闘を展開していった。もともと、短期での制圧を想定していたロシア軍は兵站などの準備も不十分で、次第に損害が拡大していった。

ロシア軍は焦りを募らせ、そのような状況が、ブチャに駐留していた部隊にも強く影響していった。ロシア兵らは次第に、無差別に住民を殺害するようになっていった。自動車や家などを銃撃することも頻繁に起きた。オリガは、目がほとんど見えない知人の男性が、「軍人が着用するような迷彩色のズボンをはいていたというだけで殺害された」と証言した。

ＡＰ通信はまた、ブチャに駐留していたロシア兵らが常に飲酒をしていた実態を、彼らの通信の傍受記録をもとに報じている。ロシア兵らは「飲まなければこんなことはできない。それは（兵士ら）みんな同じだ」「命令だからな。民間人であろうと、誰でも殺す」「もう十分に、たくさんの市民を殺したよ」などと発言しており、無差別な殺人が横行していた実態が浮かび上がっている。

ブチャではロシア兵による略奪行為も横行した。ブチャの中心部で、中小企業の活動を支援する施設を運営していた女性は私の取材に対し、ロシア軍撤退後の七月にヨーロッパから施設に戻ると、施設が破壊されていただけでなく、「設置されていたプロジェクターやテレビ、備品などをことごとく盗まれていた」と証言した。施設の周辺の住宅でも、家具や電化製品が盗まれていたという。ロシア軍が占領地から撤退する際に、金目の物を根こそぎ略奪している実態は、ウクライナ各地で確認されている。

無差別殺人や略奪を繰り返すロシア兵とは、どのような素性だったのか。オリガの家に勝手に住み込んだバハとカズムラットという兵士はいずれも二〇歳で、極めて若年の、経験の浅い兵士らがブチャでの戦闘に駆り出されていた可能性が高い。

オリガによれば、バハとカズムラットは「自分の素性については明かさなかった」

というが、その名前は、彼らがシベリアやカフカスなどの、地方の出身者であることを強く窺わせる。前出の中小企業支援施設を運営していた女性も、ブチャに侵入してきたロシア兵らの多くはチェチェン共和国か、ブリヤート共和国の出身者だったと証言している。これらの地域はロシア連邦内でも特に貧困問題が深刻な地域で、彼らは略奪を行うことで、少しでも実利を得ようとしていた可能性がある。

「なぜブチャに来たのか」と尋ねたオリガに対し、バハと名乗る兵士は「俺たちは、どこに連れていかれるかわからなかった」とも語っていた。さらにバハは「もしブチャに来なかったら、銃殺されるか、牢屋に一〇年入れられていた」とも語ったという。

これらの発言から浮かび上がるのは、ロシア軍内においてウクライナへの派兵は、強い強制力をもって行われていたという事実だ。そして、ウクライナに送り込まれたのは、判断力が低い、上官の言うことを〝鵜呑み〟にする経験の浅い兵士たちだったということだ。

また、ブチャの住民らに対して「お前たちを助けに来た」などとロシアのプロパガンダをそのまま発言する姿は、彼らが未熟な精神状態にあったことを窺わせる。

オリガらは、ロシア軍が撤退した後に、インターネットを使ってバハとカズムラットがどこに行ったのかを調べたのだという。詳細な手法はわからなかったが、彼らは「東部ドネック州の戦線に連れていかれて、そこで死亡していた」と語った。

ブチャなどのキーウ周辺から撤退したロシア兵らが、十分な休息もないまま東部戦線に投入されていたのだとすれば、若年のロシア兵らはまるで物のように扱われ、過酷な行軍の末に戦死したことになる。

明らかになる虐殺

ロシア軍のブチャ撤退は突然起きた。オリガの証言によれば、ロシア兵は部隊の移動時期について尋ねる彼女に「知らない。一時間後か、一カ月後かもわからない」などと語っていたが、突然ヤブルンスカ通りから、戦車や装甲車が一斉に撤退を始めた。

ただ、オリガによれば、一両の戦車が引き返してきて、ロシア軍の拠点となっていたビルを砲撃して去っていった。ビルは二日間も燃え続け、内部で爆発も連続して起きていたという。建物内に、地雷などの爆発物が敷設されていた可能性が高い。

ロシア軍が撤退した後のブチャは、凄惨な状況だった。撤退直後の四月二日には各国のメディアが現地に入ったが、目の当たりにしたのは路上に残された多くの民間人の遺体だった。後ろ手に縛られ、後頭部を銃で撃ち抜かれていた遺体もあった。

ブチャの教会近くには集団墓地も見つかり、一五〇~三〇〇人規模の遺体が埋められていたという。二〇二二年八月までにブチャでは四五八人が殺された実態が判明し、そのうち四一九人には銃殺や拷問の跡などが確認された。ブチャに隣接する、イルピンやボロディアンカでも集団埋葬地が見つかっており、キーウ州全体では約一四〇〇人が殺害されたことが明らかになっている。

ウクライナ侵攻における、ロシア軍による戦争犯罪の疑いが初めて明らかになった事例として、ブチャをめぐる報道は世界に衝撃を与えた。

だが、ブチャに関する一連の事態をめぐり、ロシア政府が行ったのは徹底的な否認だった。ロシア国防省は四月三日、ロシア軍がブチャから撤退するまでに行われた暴力行為は「一件もない」と主張し、遺体が撮影された映像などは「デマ」だと否定してみせた。これらの遺体は「すべてのロシア軍部隊が撤退した後に置かれた」とも主張した。

しかし、その主張は科学技術の力で簡単に覆された。衛星写真の利用だ。

ニューヨーク・タイムズは、宇宙技術企業マクサー・テクノロジーズが提供した、ロシア軍により制圧された後の三月九〜一一日時点のヤブルンスカ通りの衛星写真と、ロシア軍の撤退後の四月一日に現場に入った、ウクライナの行政当局が撮影した映像を比較した。

すると、三月一一日時点の映像で確認された、死体と思われる多くの物体の位置と、四月一日にウクライナ軍がブチャを奪還した後に撮影された映像に写っていた死体の位置が、ぴたりと一致した。死体は、約三週間にわたり、この場所に放置されていた事実が明確になった。

ヤブルンスカ通りの住民らはロシア軍の占領中、自由な移動が妨げられ、うかつに外に出れば殺害されるケースもあった。しかし、ターニャとオリガの証言からは、彼女らは死体を埋葬することすら許されなかった実態が判明している。

ブチャにおける民間人の虐殺は、世界に衝撃を与えた。しかしそのわずか二週間後の四月一八日、プーチン大統領は、世界をさらに驚かせる行動に打って出た。

ブチャに駐留していた事実が明らかになっていた、「第六四独立自動車化狙撃旅団」に対して、名誉称号を与えたのだ。「母国とその利益を守り」「英雄的かつ勇敢で、忍耐強さと勇気を示した」などとして「親衛隊」の称号を贈った。

ロシア当局や国営メディアはブチャの惨劇を一斉に「フェイク」などとして否定してみせたが、実際には多くのロシア国民が、ブチャから世界に流された映像に動揺したことは間違いない。プーチン大統領が〝称号授与〟という手段をとったことは、そのような国民の動揺を抑え込むのと同時に、どれだけ残虐な行為であっても〝軍の司令に従う〟ことが正しいという姿勢を鮮明にすることで、兵士に対する引き締めを図る狙いがあったものと思われる。

ウクライナ侵攻前夜の実相

世界に衝撃を与えたロシアによるウクライナ侵攻はどのように始まったのか。当時の事態の推移を、改めて確認したい。

膨大な数のロシア軍の車列がウクライナ国境付近に集結している実態が浮かび上がったのは、二〇二一年末のことだ。衛星写真からは、多数の軍事用車両が国境周辺で隊列を組んでいる状況が確認されていた。アメリカのバイデン大統領はウクライナや北大西洋条約機構（ＮＡＴＯ）加盟国に対し、軍事侵攻の危機が迫っている状況を強く警告した。

このような指摘に対し、ロシアは「まったくの虚構に過ぎない」（ラブロフ外相）などと述べ、侵攻が差し迫っているとのアメリカ側の主張を一蹴していた。しかしそれは間もなく、現実のものとなる。

危機は刻一刻と迫っていた。「われわれはテロ組織を相手にしているのではない。世界最大級の軍を相手にしているのだ」。バイデン大統領は二月一〇日、ＮＢＣのインタビューでそう主張して、ウクライナに滞在するアメリカ人への即時退避を求めた。

ロシアはウクライナ国境付近に一〇万人規模の軍部隊を集結させ、隣国ベラルーシでは大規模な合同軍事演習を開始した。アメリカのジャンピエール大統領副報道官は二月一四日、「毎日のように新たなロシア軍部隊がウクライナ国境付近に集結している。これは緊張緩和ではない」と指摘し、「ウクライナ侵攻は今週中にも始まる」との見方を示した。バイデン大統領は同月一五日の演説で、ロシア軍の規模が一五万人に増大したと表明した。

ロシアはこの時点でも、あたかも侵攻する意思がないかのようなそぶりを見せかけながら、国際社会を翻弄していた。

ロシア国防省は二月一五日、ウクライナ国境付近から一部の部隊を撤収させたと発表。しかし現実には、衛星画像からもロシア軍部隊の増強が確認されていた。ロシア軍が合同軍事演習を行っていたベラルーシでは、演習の期限であった二〇日にベラルーシ国防省が演習の延長を発表。同演習には、約三万人規模のロシア軍部隊が参画していたとみられ、キーウから約一〇〇キロメートルの距離にあるベラルーシ国境からのロシア軍の侵入が現実味を帯び始めた。

地上からの軍事的圧力だけではない。一五日には、ウクライナ国防省や軍、金融機関などのウェブサイトが一斉にサイバー攻撃を受け、サイトが閲覧できなくなったり、預金の確認やオンライン取引ができなくなったりするなどの被害が発生した。物理的な攻撃とサイバー戦を織り交ぜた「ハイブリッド攻撃」が眼前に迫っていた。

アメリカのプライス報道官は一六日、ロシアが「サイバー攻撃や電子戦、空爆、大規模侵攻など、すべての手段を取り得る可能性がある」と警告した。その後の事態の展開は、この予測が正しかったことを証明することになる。

国際社会はロシアに対する警告を強めつつ、外交努力による解決も、ぎりぎりまで模索した。ヨーロッパ諸国の首脳らはシャトル外交を展開し、緊張緩和の道を探った。ロシアと強い経済関係を持つヨーロッパ諸国にとり、戦争の勃発は何としても避けねばならない事態だったからだ。

フランスのマクロン大統領は、二月六日にバイデン大統領と電話会談し、翌七日にはロシアを訪問してプーチン大統領と会談した。ロシア軍がウクライナ国境付近に集結し、緊張が激化し始めて以後、西側の首脳としてプーチン大統領と会談したのはマクロン大統領が初だった。マクロン大統領は会談後、「この後の数日が事態を決定付ける」と語った。

マクロン大統領はさらに翌八日、ウクライナを訪問してゼレンスキー大統領とも会談した。キーウで会見したマクロン大統領は「ミンスク合意がウクライナの領土を守るための最良の手段になる」と強調。ミンスク合意とは、二〇一四年にウクライナ東部紛争が勃発した後の一五年に、独仏が仲介してロシア、ウクライナとともに取りまとめた和平合意だ。ただ合意は、東部ドネツク州、ルハンシク州の親ロシア派支配地域にウクライナ国家の中で幅広い自治権を認める「特別な地位」を与えるとするなど、当時軍事的に圧倒的に有利な立場にあったロシア側の意向が強く反映される内容となっていて、ウクライナ側が反発してきた経緯があった。

マクロン大統領と歩調を合わせるように動いたのが、ドイツのショルツ首相だ。ショルツ首相は七日に訪米してバイデン大統領と会談。その後一四日にはウクライナでゼレンスキー大統領と、そして翌一五日にはロシアでプーチン大統領と会談している。この会談の直前にロシア国防省は、ロシア軍部隊がウクライナ国境付近から〝演習〟を終えて撤収を開始したとする映像を公開。緊張が緩和に向かうかのような期待をドイツ側に持たせていた。

ただ、現実は異なっていた。NATOのストルテンベルグ事務総長は一五日、ロシア国防省の発表をめぐり「現時点ではロシアの軍事的プレゼンスの低下は見られない」と断じ、ロシア側の発表を信じるべきではないとする警告を発していた。

全面侵攻へ

そして二月二一日、プーチン大統領は、ウクライナ東部で親ロシア派勢力が実効支配していたドネツク州、ルハンシク州の一部の地域の「独立」を一方的に承認した。

両地域を「国家」として認め、ミンスク合意は紙切れと化した。ロシアは侵攻に向け、一線を越えた。

プーチン大統領は両地域に〝ウクライナ軍による攻撃の危機が差し迫っている〟として、ロシアによる「平和維持部隊」の派遣を命じた。平和維持部隊の派遣は、実際に自国の軍隊を外国に送ることになるため、戦争を仕掛ける際の常套手段とされる。

プーチン大統領は翌二二日、ロシア上院に対し、ロシア軍の国外派兵の許可を要請。即日承認を受けるなど、ウクライナへの派兵に向けたプロセスを一気に推し進めた。

二三日には、ロシア政府はドネツク、ルハンシク両州の親ロシア派武装勢力から「軍事支援の要請を受けた」(ペスコフ大統領報道官)と発表。ウクライナ軍による親ロシア派支配地域への〝攻撃が激化した〟ことが理由だと主張した。ウクライナ側は攻撃を否定したが、ロシア側は派兵に向けたプロセスを加速。ロシア軍による攻撃が間近に迫っていると判断したウクライナ政府は二三日、全土に対する非常事態宣言の発令を決定。二四日午前零時に発効した。

プーチン大統領は二四日未明、国営テレビを通じて緊急演説を実施した。

「問題は、われわれの〝歴史的な土地〟で反ロシア感情が生まれていることだ」「(ウクライナは)国外からコントロールされ、最新鋭の兵器を得ようとしている」「一〇〇万人へのジェノサイド（集団殺害）を止めなければならない」などと一方的に主張した。親ロシア派地域に居住する「自国民」の保護のために、「私は、特別な軍事作戦を行うこととした」と表明した。

ロシアがウクライナへの侵攻開始を明確に表明した瞬間だった。

ロシア軍は即座に全面侵攻を開始した。ウクライナ北部や北東部国境から首都キーウ方面へ侵攻したほか、東部の国境からはハルキウ方面へ、さらに、ロシアの占領下にあるウクライナ南部クリミア半島からは、ヘルソンやザポリージャに向けて地上侵攻を開始した。

キーウやハルキウ、さらに南部各地でも爆発が起き、ウクライナ全土の軍事施設がミサイルなどによる攻撃を受けた。さらに、キーウ北方に位置し、一九八六年に爆発事故を起こしたチェルノブイリ原発周辺でも戦闘が発生し、同日夜までにはロシア軍が制圧した。同原発では職員らが、ロシア軍の人質となった。

ロシア国防省は二四日夜、八三ものウクライナ軍の地上施設などを破壊・無力化したと主張し、戦況を決定的に優位にする制空権も握ったなどと表明した。しかし、それらは事実と異なっていた。

「私はここにいる」

キーウ市のクリチコ市長は二五日、ロシア軍の破壊工作を担う部隊がすでに首都に潜入したとの見方を表明し、市が「戦時状態に入っている」との認識を示した。キーウを狙うロシア軍の戦車部隊は、ベラルーシからウクライナ側に入境し、空挺部隊は首都近郊のホストメリ空港を攻撃した。ブチャへのロシア軍の進軍が本格化したのもこのタイミングだった。ウクライナ軍は防戦を余儀なくされた。

しかし、キーウ陥落が間もないとの観測が強まるなか、その空気を大きく変えた出来事があった。ゼレンスキー大統領が国民に呼びかけた演説だ。

「私も、政府の首脳らも、みんなここにいるよ。私たちは独立を、この国を守る。そして、そうあり続ける」

二五日夜の、キーウの街頭で撮影された動画は後に、世界中を駆け巡った。ゼレンスキー大統領が自ら、自撮りをしてSNSで配信した国民へのメッセージだ。その後のトレードマークとなった無精ひげも生えていない、少し幼い印象もある表情のゼレンスキー大統領はわずかに笑顔を浮かべ、国民に語りかけていた。国外逃亡する可能性も強く指摘されていたゼレンスキー大統領だったが、その憶測を打ち消した。

ゼレンスキー大統領は翌二六日にも自撮り動画を公表した。早朝に、街中でひとりで撮影したとみられる動画で「今、多くのフェイクニュースが飛び交っている。あたかも私が、ウクライナ軍に対し武器を置くように命じたかのような内容だ。しかし、それは事実ではない。よく聞いてほしい。私たちは武器を捨てない。この国を守り抜く。子供たちを守り抜く」と国民に語り掛けた。

ウクライナの在イギリス大使館が同日、ツイッター（現X）で明かしたところによれば、アメリカ政府はゼレンスキー大統領に対しウクライナを脱出し、国外から反攻を指揮するよう勧めていたという。しかし、ゼレンスキー大統領は「戦闘はここで行われている。われわれが必要なのは武器であって、（脱出用の）乗り物ではない」と言って断ったという。

ゼレンスキー大統領が、絶望的な状況にあるとアメリカ政府が考えたのも無理はない。アメリカ政府はロシアがゼレンスキー大統領を最重要のターゲットととらえており、その次が彼の家族だったとの見方を示していた。しかしゼレンスキー大統領の〝自撮り演説〟は、そのような状況だからこそ、同大統領が捨て身で国を守ろうとしていることを世界に印象付けた。

プーチン大統領はゼレンスキー政権を「キーウに居座る麻薬中毒者やネオナチ」集団だと断じ、「ヒトラーの共犯者同様に、市民を殺害する」などと述べていたが、ゼレンスキー大統領の行動は、そのようなプーチン大統領の言動に対する強いコントラストをあたえていた。ゼレンスキー大統領は急激に、〝戦時大統領〟として国際的な評価を高めていった。

ロシア軍の急襲を受けたウクライナだったが、キーウやハルキウなど主要都市とその周辺では、ロシア軍に抗戦した。アメリカから提供された対戦車兵器「ジャベリン」などの新たな武器が抗戦を支えた。

ジャベリンは携行型の対戦車ミサイルで、兵士が肩に乗せて移動できるのが特徴だ。ウクライナ軍の兵士らは少人数で行動し、地の利を生かしながら戦闘を展開し、重砲を備えたロシア軍の戦車や軍用車両を破壊していった。ブチャ周辺においても、このようなウクライナ軍の戦略がロシア軍の進軍を止め、甚大な損害を与えていったとみられる。

ロシア軍が苦戦する理由は、彼ら自身にもあった。ウクライナ侵攻はロシア軍内でも極秘裏に準備されていて、「訓練」名目でウクライナ国境沿いに展開していたロシア軍部隊にとって、実際の侵攻は予想していない事態だった。ロシアの軍用車両の多くは整備が不十分で、タイヤやスペア部品なども足りていなかった。

このような状況は、ロシア軍部隊の車列を不要な危険にさらした。ロシアは短期間の電撃戦でキーウなど主要都市を陥落させることを狙ったが、軍用車両は舗装された幹線道路を使用するほかなく、ジャベリンなど機動力の高い武器を備え、道路脇の森林などの地形も習熟していたウクライナ軍にとり、攻撃は容易だった。雪解けのタイミングで地面がぬかるむなか、幹線道路の幅は限られており、一列の車列で移動するロシアの軍用車両はウクライナ軍の格好の餌食となった。

ロシア軍兵士らは、心理面においても十分に準備されていたとは言い難かった。「(ブチャに)来なければ、殺されるか、懲役刑だった」とのロシア軍の若年兵の発言からも、そのような状況が窺えた。訓練と称してウクライナ国境付近に送られ、侵攻直前にウクライナに入ることを命じられたケースもあったという。

ロシア軍にとり、このような状況で兵士らの戦意を維持することは決して容易ではなかっただろう。ロシア軍が優勢であれば、「ウクライナを〝ナチス〟であるゼレンスキー政権から救う」などというプロパガンダで兵士の士気をある程度保つことはできただろうが、劣勢に陥れば、そのような理由付けでは、兵士らを精神面で支え、効率的な作戦を展開することは困難であったに違いない。

そのような状況下で、ロシア軍では兵士らを〝奮い立たせる〟ために、侵攻初期から上位の将校らが前線で直接指揮を執る必要に迫られた。その結果、多くの将校らの死亡が報じられた。

三年目に突入する戦争

ロシア軍の消耗は大きく、侵攻開始から約二カ月で、ウクライナ軍側の約三・五倍もの装備を損失したという。ロシア軍はまた、開戦当初に「制空権を握った」と表明していたが、事実ではなく、ウクライナ側の防空システムや航空戦力を十分に破壊できないまま、キーウやハルキウ、南部各都市など複数正面での地上侵攻を開始したことも、ロシア軍の損失を増大させた。

このような状況を受け、ロシア軍はキーウ方面に展開していた地上部隊の撤退を余儀なくされた。ブチャにおいても、三月末にはロシア軍が撤退し、多数の民間人が虐殺されていた凄惨な実態が世界にさらされた。

ロシア軍のセルゲイ・ルドスコイ第一参謀次長は三月二五日、モスクワでの会見で唐突に「作戦の第一段階は終了した」と表明し、以後は「ドンバス地方（ウクライナ東部のドネツク州とルハンシク州）の完全解放に注力する」と表明していた。キーウ制圧に失敗した結果、事実上戦略の変更を余儀なくされた格好だった。

この表明を受けて、ロシア軍はキーウ周辺から撤退した部隊をロシア、またはベラルーシ領内で再編成した後に、東部の戦線に回したもようだ。アメリカ戦争研究所（ISW）によれば、キーウ周辺から複数の部隊が東部戦線に送られた。

しかし、甚大な損失を受けた部隊を東部の激戦地に再投入するという作戦は、兵士らの厳しい損失も辞さない戦略だった。ブチャに侵入した若年兵らが東部戦線で死亡していたというオリガらの証言と、これらの分析は一致している。

しかし、ロシア軍はその後も決して、攻撃のペースを落としたわけではない。ウクライナ北部で手痛い損失を受けたロシア軍はその後、民間人の居住地などでの作戦を含め、重火器を使用した、より無差別な攻撃手法に軸足を移していくことになる。

ウクライナ国民にとっての受難は、何も変わることなく、今も続いている。二〇二三年六月に開始されたウクライナ軍による反転攻勢後も、戦況をめぐる地図は容易には変わらず、南部、東部で激戦が続く。ロシア軍による空爆は連日のように続き、事態は先の見えない泥沼と化している。

また、兵士ではないロシア国民に対しても、この戦争は多大なる影響を与えることとなった。侵攻に批判的な発言は封じ込められ、言論の自由は著しく制限された。多くの若者らが国を去り、ロシアに残る国民の間には、声に出せない不満と不安が募る。欧米諸国の対ロシア制裁が解除される見通しは立たず、ロシアは中国への傾倒を一層強めている。

この中で、両国の国民はどのような面持ちでこの戦争を見つめているのか。まずはウクライナの人々から、次の第一章で読み解いていきたい。

第一部

KYIV AND MOSCOW

二つの首都

第一章 CHAPTER ONE

空爆下のキーウへ

TO KYIV UNDER AIR STRIKES

ソ連時代を思わせる古めかしいウクライナ行きの寝台列車に乗り込み、指定された席のある四人用のコンパートメント（半個室）に入ろうとすると、私は早くも、戦禍に翻弄されるウクライナ国民の現状に直面することになった。

ウクライナ東部ハルキウの医科大学の学生だというウクライナ人女性のリーザが、車窓越しの両親に向かって、「心配しないで」という表情で手を振っていた。

「ハルキウの大学に二週間ほど戻らなくてはならないのよ。学費の支払いや、必要な書類を取りに行く必要があるから。両親には〝大丈夫〟と何度も言ったけど、なかなか安心してはくれないわ」

キーウを経由して、列車を乗り継いでハルキウに向かう計画だという。行先を訪ねた私の質問に、彼女は気丈に朗らかな声で答えてくれた。

一方、分厚い冬服を着込み、顔には深いしわが刻まれた初老の両親の表情は、曇り空のように暗かった。二週間後には、ポーランドに戻る計画というが、両親の不安は無理もないことだった。たった一カ月前まで、ハルキウはロシアとの戦いの最前線になっていたのだから——。二〇二二年一〇月二三日、ウクライナ国境まで約二五キロメートルの距離にあるポーランド東部の都市、ヘウムでの光景である。ここには、戦禍を逃れウクライナから脱出してきた避難民のための施設があった。

リーザと彼女の両親は、ロシア軍によるウクライナへの全面侵攻が始まった直後の二〇二二年三月まで、ハルキウにとどまった。しかし、ロシア軍との戦闘が日増しに厳しくなるなか、やむなくポーランドに脱出したという。

ロシアとの国境からハルキウ中心部までの距離は、わずか四〇キロメートル程度しかない。ロシア軍は侵攻開始直後にハルキウに攻め入り、容赦ない攻撃を加えた。「爆撃や銃声が常に聞こえていた。それが日常だった」と彼女は証言した。近隣にあった軍人の家族のための集合住宅が爆撃を受けて、居住していた軍人の妻や子供が皆殺しにされたこともあったという。

ハルキウ州では二〇二二年九月にウクライナ軍側が攻勢をかけ、大半の地域の奪還に成功していた。リーザがハルキウに戻れると判断をしたのも、大学の職員らが徐々に現地に戻り、通常の業務に復帰していたからだ。これまでは主にオンラインで授業を受けていたが、書類の取得や支払いなど、学生生活に必要な事務的な作業を、どうしても現地で行う必要があったのだという。

ただ、一〇月に入り、ロシア軍は新たな戦略を開始していた。一〇月一〇日には首都キーウを含むウクライナ全土へのミサイル攻撃が再開されており、これまで比較的静寂を取り戻していた前線以外の都市でも、激しい戦禍に再び巻き込まれる予感は十分にあった。ハルキウを奪還される失態を演じさせられたロシア軍は、報復を強く決意していた。ロシア国境に近いウクライナ第二の都市、ハルキウが、その標的にならない理由の方が少なかった。リーザの両親の懸念は、深かったに違いない。

ソ連時代の列車に乗って、ウクライナへ

私はウクライナの首都キーウに向かうため、ウクライナと国境を接するポーランドから列車に乗った。ロシア軍の攻撃を受けるウクライナには、空路で入ることはできない。首都ワルシャワから列車を乗り継ぎ、陸路でキーウに向かう必要があった。ワルシャワからヘウムに至るポーランドの在来線は、スーツケースを置くスペースが十分になかったことを除けば、近代的な列車で快適だった。車内には電光掲示板があり、行き先を親切に教えてくれる。窓の外に広がるポーランド国内の街並みはよく整備され、都心部から離れても瀟洒な郊外の住宅街を思わせた。人々の暮らしは豊か

に見えた。

しかし、ヘウム駅に着くと状況の変化を否応なしに感じさせられた。在来線を降りると、売店もない古い駅舎は乗継便を待つ人々であふれかえっていた。大半がウクライナ人の女性やその子供たちだった。動員の対象となる一八～六〇歳のウクライナ人男性は原則、国外に出ることはできない。ロシアによる全面侵攻開始から約八カ月が経過しており、ポーランドなどヨーロッパに避難民として出国した女性や子供、年配者らが、再びウクライナ国内に戻る動きも活発化していた。戦争が依然として続き、危険があったとしても、やはり故郷というものは代え難いものだったのだ。

ヘウム駅。左がポーランドからの近代的な列車、右がウクライナ行きの寝台列車

暗い駅舎でしばらく待つと、キーウに向かう列車の遅れが伝えられた。座席もなく、スーツケースに腰かけて、じっと列車の到着を待った。数時間待つと、アナウンスが列車の到着を告げる。舗装も不十分な田舎駅の構内を、多くの人々が大きなスーツケースを手に、到着した列車に向かっていった。久しぶりの母国への、そして家族のもとへの帰郷であろうというのに、その母国が戦時下だからであろうか、彼らの表情に笑顔は乏しかった。

ヘウムから乗り込んだ寝台列車は、旧ソ連式の古い車両だった。窓には黒いフィルムが貼られていた。ロシア軍の攻撃を避けるために、車外への光漏れを防ぐことが理由なのだろう。乗客らはめいめい、買い込んできたパンや野菜、果物で食事をしたり、携帯をながめていたりしていた。そこでリーザと出会った。快活な印象の学生で、ウクライナ語がわからない私に対し、ロシア語でとめどなく話し続けた。ウクライナ東部では、ロシア語の方がむしろ日常の言語として使用されている。彼女の話には「ロシアには決して屈しない」との思いがあふれていたが、そこで語られた彼女がハルキウで見てきた景色はあまりに凄惨で、元気に話し続ける様子を見ながら、複雑な思いに駆られた。

次第に夜になり、あたりが完全に暗くなったころ、ポーランドとウクライナの間の国境で、双方の国境警備隊員によるパスポートチェックが行われた。軍服姿の係員もいて少し緊張したが、厳しくチェックされたという印象はあまりなかった。その後、乗客らは次第に眠りについていった。

五年ぶりのキーウ

キーウ駅への到着は午前七時ごろだった。キーウが近づくと、皆いそいそと歯を磨いたり、顔を洗ったりしていた。旧ソ連式の列車に共通していることだが、各車両にはたいがい恰幅のいい女性が車掌として乗り込んでおり、コーヒーや紅茶の希望を聞きにくる。安い、インスタントのコーヒーだが、目覚めには効く。一杯飲んで、身支度を終えたころには列車はキーウ駅に滑り込んだ。

大きなカバンやスーツケースを手に列車を後にする乗客らの表情には、故郷に帰還したという陽気さはやはり感じられず、会話も控えめだった。よく眠れず、朝早くに起こされて不機嫌な子供たちの声がやけに大きく、耳に響いていた。

早朝だったが、キーウ駅は隣国、また国内各地から到着した乗客らでごった返していた。私にとっては、モスクワ特派員だったときの二〇一七年に訪問して以来、約五年ぶりのキーウであった。駅の面影はほとんど変わらない。なじみの売店もあった。駅を出る際には手荷物の検査があった。戦時中だが、過度にチェックされることもなかった。駅にいる兵士らも駅員と一緒になって、乗客らへの案内をしたりしていた。「団結して、国民を守っている」という空気が感じられた。

冬の寒さを遮る分厚い駅舎の扉を開けると、キーウの街が広がっていた。今にも雨が降り出しそうな、重苦しい雲に覆われて

2022年10月のキーウは、重苦しい冬の雲に覆われていた

いた。

ウクライナ侵攻が開始されて約八カ月。私が到着した二〇二二年一〇月時点のキーウをめぐる状況は、九月までとは大きく異なっていた。ロシア軍による都市部へのミサイル攻撃が再開されていたのだ。

ミサイル攻撃の生々しい爪痕

ロシアによる全面侵攻は二月二四日に始まったが、ウクライナ軍の反撃が奏功し、ロシア軍は四月上旬までにはキーウ周辺のブチャなどウクライナ北部からの撤退を余儀なくされた。戦争の中心は東部、南部に移り、キーウは徐々に首都としてのにぎわいを取り戻していった。海外に避難していた市民らも帰国し、閉ざされていた店舗は営業を再開していった。このまま、ロシアによる侵攻以前の生活が戻るかのような希望が、市民の間では芽生えていた。

しかし、そのような淡い希望が打ち崩されたのが、私がキーウに到着した一〇月だった。一〇月一〇日、ロシア軍がウクライナ全土へのミサイル攻撃を再開し、キーウもその対象となった。市民らは再び、自身が〝戦時下〟にいるという現実を直視しなくてはならなくなった。

街にはまだ新しい破壊の跡があった。私はキーウ駅から配車アプリのウーバーを使ってタクシーを呼び、拠点となる宿泊先のホテルに向かった。ゼレンスキー大統領が指揮を執る大統領府に近い市中心部の通りで、ドライバーの男性は「一〇日の空爆では、ここにミサイルが着弾したんだよ」と、幹線道路を指さした。

着弾し、アスファルトが抉られた箇所はすでに補修されていたが、その周辺を見るとミサイルの威力がはっきりとわかった。十数メートルは離れている周囲の建物の窓

ロシア軍の空爆を受けた「101タワー」。ビルの骨組みがむき出しとなっていた

がすべて、ベニヤ板で覆われていたのだ。爆風で窓がすべて割れたのである。その地点からすぐ近くの、多くの子供たちが遊ぶ公園にもミサイルは着弾しており、同様にその周辺の建物の窓も、すべてなくなっていた。

さらに激しい破壊の跡も残されていた。「101タワー」と呼ばれる二七階建ての高層ビルは、上層部はすべてガラス張りで、一階にはブラジル料理のレストランなどが店を構える現代的なオフィスビルだった。しかし、一〇日のミサイル攻撃によりビルの下層部分は激しく破壊され、黒焦げになっていた。さらに、上部の階の窓ガラスがことごとく割れていて、中のブラインドが風に吹かれて揺れていた。

ビルの正面にあるバス停には、ワレンチナと名乗る女性がたたずんでいた。ビルの破壊について尋ねると、無惨な姿になったビルを見上げながら「この建物はスイミングプールや、お店があるごく普通の民間の商業ビルでした。ウクライナ軍とも何の関係もありません。それなのになぜ……」と、言葉を詰まらせた。

彼女はまた「私たちは今、ロシアの攻撃を受けて、私たちの母親はソ連に抑圧され、祖母の世代はさらにホロドモール（ソ連のスターリン政権が主導した、ウクライナの農村から穀物を没収して引き起こしたとされる人為的な飢饉）に苦しめられました。

ロシアとは、そういう国なのです！」と絞り出すように語った。彼女は市内に住む、ごく普通の住民だったが、多くのキーウ市民が言葉にはしなくても、同様の思いで毎日を過ごしているに違いなかった。

破壊と日常が交差する光景

基盤部分が激しく損壊し、いつ倒壊してもおかしくなさそうな「101タワー」だったが、ビルは解体されることもなく、周囲を木の塀で囲むことで、人々が近づかないようにしていただけだった。解体するめども立たないことが窺えた。

同様に、破壊された建物は周囲に散見されたが、非常線を張る程度の対応にとどまっていた。すぐ横では人々が普通に行き交い、日々の生活に追われていた。大きな事故の現場が点在しているだけのようにすら思えた。

戦時下で、さらに空爆にさらされた街というと、がれきの山と化した東部バフムトのようなイメージも浮かぶ。しかし実際には、ウクライナの各都市の破壊の状況には大きな差があった。キーウでも、建物が破壊されて死傷者も出ていたが、道路を挟んだすぐ隣では、人々の生活があった。ハルキウなども同様で、前出のリーザは「破壊された場所と、それを免れた場所ははっきりと分かれていて、縞模様のような生活」があったと語っていた。

キーウ市内では多くの車が行き交い、洗練されたデザインの喫茶店が軒を連ね、人々はコーヒーを飲みながら談笑していた。若者らはおしゃれな格好に身を包み、スマートフォンを手に道を歩いている。一見、われわれが普段抱く戦時下のイメージとはかけ離れていた。

しかし、それは表面的な印象に過ぎなかった。実際には人々は、終わりの見えない戦争の影響と、直接的な破壊の恐怖にさ

破壊された民家は、ただバリケードで囲むだけで、あとは放置されていた

らされながら、家族や財産、仕事、学業など、多くのものを失いながら、必死にこの状況に耐えていた。

キーウ市内では、多くの避難民にも出会った。「六月にマリウポリからひとりでキーウに来たんだ」。キーウ中心部の家電量販店「エルドラド」。携帯電話を買い求めた私に、新しいSIMカードの挿入方法や通話の設定をしてくれた店員のパブロは、自身が避難民だと明かし、今の思いを語り始めた。

マリウポリはウクライナ南東部の港湾都市で、ロシアが二〇一四年に併合したクリミア半島と、占領状態にあるウクライナ東部のドンバス地方、そしてロシア南部を結ぶ、交通の要衝だ。鉄鋼業で栄え、ウクライナの重工業の中心地でもある。ロシア軍が開戦当初から徹底的な破壊を加えるなか、街を防御していたウクライナ軍と軍事組織「アゾフ大隊」が数カ月にわたり市内にある巨大な鉄工所の地下に籠城し、ロシア軍に対抗したが、最後は制圧された。

まだあどけない印象もある二〇歳のパブロが、なぜたったひとりでマリウポリを出て親類を頼って避難してきたかを聞くことは、とてもできなかった。101タワーなどが破壊された一〇月一〇日の空爆発生時には、彼は地下鉄で職場に向かおうとしていたが「車両が停止し、中で六時間も閉じ込められた」という。そして静かに「ロシア軍にはこれだけの目に遭わされてきた。だから、絶対に負けるわけにはいかないんだ」と怒りをかみしめるように語った。

キーウで暮らす避難民

スーパーの店員、ホテルのフロント、タクシードライバー……。キーウで働く多くの人々が、戦地となった地方都市から来た避難民らであることに気が付くまでに、そう時間はかからなかった。

「空襲警報が鳴ったのは朝六時四〇分ごろでした。八時までに出社しましたが、すぐに一回目の爆発音が聞こえました。二〇分ほどすると、二発目が着弾して、ものすごい爆発音が聞こえました。すぐにシェルターに逃げたのですが……」

私が宿泊したホテルのフロントで働いていたオーリャは、はっきりとした口調でてきぱきと仕事をこなす女性だった。一〇月一〇日に起きた空爆の様子をそう語る彼女もまた、八月に東部ハルキウから逃げてきた避難民だった。ハルキウは、爆発音が常に響き渡る激戦地となっていて、キーウに避難して久しぶりにその音を耳にしたことに、ショックを受けていた様子だった。

かつては、彼女はロシア人の芸能人を常にインスタグラムでフォローしていたという。「でも、もう二度と彼らを見ようとは思わない」。ドンバスでは紛争が続いていたが、それでもかつてのウクライナ東部の住民は、ロシアと自然に付き合っていた。それを不可逆的なほどに変えてしまったのが、ロシア軍の全面侵攻だった。

タクシードライバーも多くは避難民だった。州の大半がロシアの占領下にあるルハンシク州から逃げてきたという男性ドライバーは、現地の住民の多くがロシアとの戦闘を望まなかった背景には、もっぱらビジネス上のつながりがあったからだと語った。二月二四日の全面侵攻以前には、ルハンシク州などウクライナ南部・東部地域は、二〇一四年以降も、親ロシア的な傾向が強い地域だった。彼自身も機械部品の工場を営んでいたが、その顧客はロシアの企業だった。ロシアとの戦争が本格化すれば、その顧客を失う。だから親ロシア派勢力に対しても、融和的な姿勢だったのだと語った。「友達と話すとき、必ずこう前置きしたよ。〝お前の立場はわかっている。だから、戦争の話はしない〟とね」。しかし、ロシアとの戦争はその後もエスカレートを続け、最後は現地で生活を続けることすらままならなくなった。

彼らを受け入れる側のキーウ市民の生活も、表面上では気が付けないものの、実際には追い詰められていた。前線に送られた知り合いや近隣の住民、さらに親類が死亡したという情報が、日常のように入ってきていた。レストランで食事をしているときに、近しい知人の死をメールで知って、苦悶の表情を浮かべた若者がいた。一家の大黒柱が仕事を奪われるケースも多く、タクシードライバーや、政府から失業者向けに提供されている軍需関連の企業や工場で働く人も少なくなかった。

私が訪れた二〇二二年秋はまだ、新型コロナウイルスの影響が世界的に残っていたが、マスクをする人など当然、いなかった。近隣のヨーロッパ諸国でもマスクをする人はほぼいなかったが、ウクライナのそれは、誰も気にする余裕すらないことも一因だったのだろう。

脅かされる電力というライフライン

一〇月一〇日に再開されたロシア軍の攻撃の最大の特徴は、その主要な標的がウクライナ国内の発電所や変電所、送電施設といった、電力関連の設備に集中していたという点だ。キーウ市内などの破壊がそこまで激烈ではなかったのは、攻撃がむしろ郊外にあるこれらの施設に向かっていたからだという側面がある。

ただ、そのような攻撃は、市民生活に深刻な影を落としていた。ウクライナ北部においては晩秋である一〇月を過ぎれば、一一月以降は雪が降り出し、その後は気温が急激に低下し厳冬期に入る。一一月下旬ですでに、最高気温が氷点下を下回っていた。そのような中で、電力を奪われるということは人々にとり死を意味しかねない。

さらに重大だったのは、ウクライナにおける発電所は暖房の拠点ともなっていることである。旧ソ連圏では、発電時に出た温水を発電所からパイプを通じて各家庭に分配し、暖房や給湯を担う集中暖房（セントラルヒーティング）が一般的だ。そのような、文字通りのライフラインも攻撃の標的になっていたということだ。軍事衝突が起きている前線だけでなく、市民生活をも狙った攻撃に切り替えたロシア軍の実態がそこにあった。その攻撃はまるで、真綿でウクライナの市民の首を絞めるような恐怖があった。

「昨日は四時間ほど停電した。まだ、仕事で家を空けていたタイミングだったからよかったけど……。でも、これ以上長く停電すれば、どう対応していいのかわからない」。キーウ市内のタクシードライバーは、電気すら満足に届かない生活の苦しさを吐露した。

一〇月下旬ごろから、キーウ市内では計画停電が本格的に始まり、日増しにその頻度が上がってきていた。次第に停電は常態化し、その時間も長くなっていった。「二日間、電気がつかなかった」「水も出なかったから、やむなく電気が通っていた他地域に住む知人の家で過ごした」などの声が聞こえていた。私は、二〇一一年三月の東日本大震災直後に起きた日本国内での電力不足と計画停電を思い出していた。しかしウクライナのそれは、復旧のめども立たず、厳しさを増すばかりだった。

夜間はキーウ市中心部でも、路上が真っ暗になっていった。車のランプだけがギラギラと光るなか、暗い道路を人々が行き来する。当然、交通事故も急増していった。レストランに入っても、頻繁に停電が起きて、真っ暗な店舗での食事を余儀なくされる。ショッピングモールでも、電気が突然途絶えて、人々は仕方なくエスカレーターを徒歩で上ったり、店舗そのものの営業ができなくなったりしていった。私が宿泊していたホテルや、市中心部の店舗などは自家用の発電機を調達し、それらを使って電

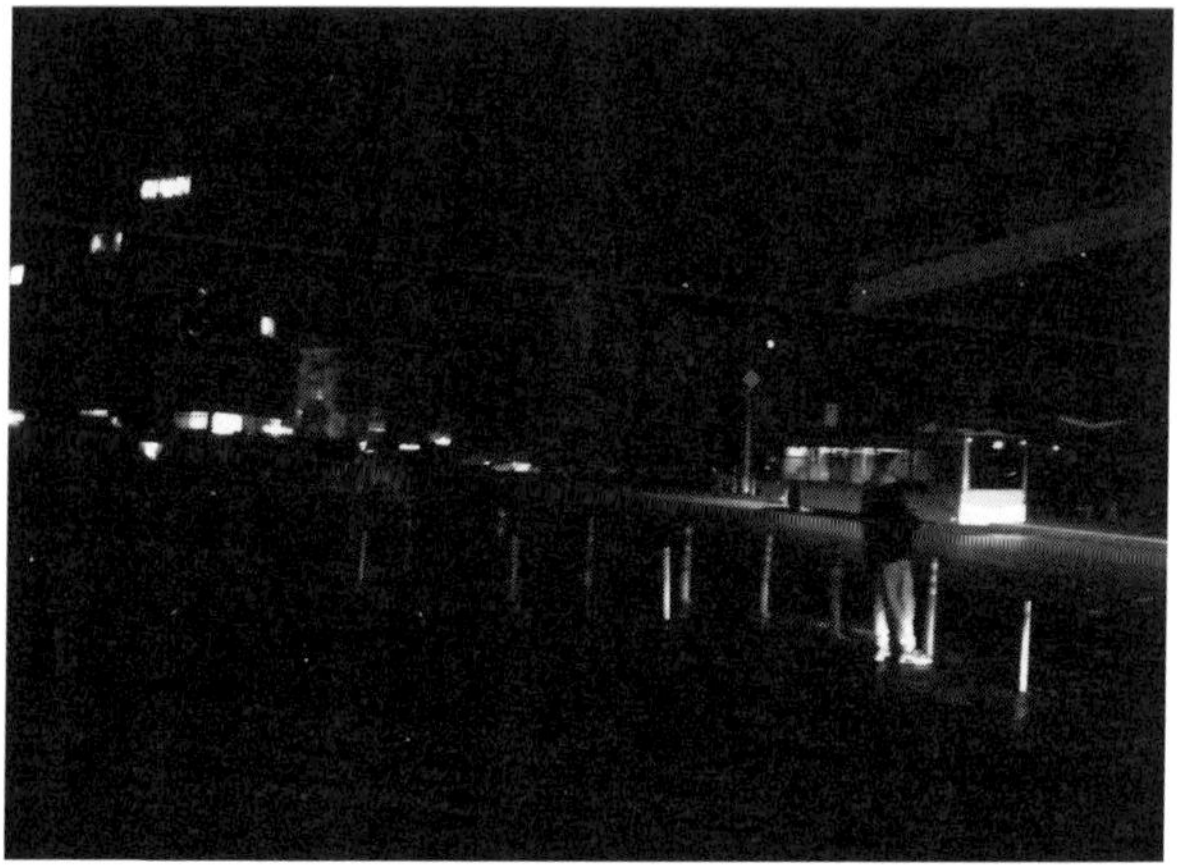

常態化した停電により、夜のキーウ市内は暗闇に包まれていた

力供給を維持していたが、そういった対応にも限界があった。

　ただ、そのような状況に対処するために、ウクライナの電力会社や行政は懸命の対応を続けていた。まず導入されたのは前述しているとおり計画停電だ。電力需要は気温が低下するほど上昇する。そのようなさなかに電力施設が攻撃を受ければ、電力インフラが連鎖的に制御不能になる「ブラックアウト」を引き起こす危険性が格段に高まる。そのためウクライナ政府傘下の電力会社「ウクルエネルゴ」は全土で計画停電を実施し、市民生活への影響をなんとか最小限にとどめようとした。計画停電を実施する地区も細やかに分けて、インターネット上で停電の時間などを詳細に伝えていた。インターネットに記載された時間以外に停電が発生していた事例も少なくなかったが、そのような事態に対してはゼレンスキー大統領などが「即座に、行政に伝えてほしい」と呼びかけ、最低限その予定が守られることで、市民が対応できるよう務めていた。

ウクルエネルゴのクドリッツキー会長は、私が行った書面インタビューに対し、全国で約一〇〇〇人の社員を七〇のチームに分け、二四時間体制で攻撃があった電力施設の復旧にあてていると明かした。作業には軍が同行し、「攻撃があった直後の施設でも、安全が確認されれば即時に入るようにしていった」という。作業中に再び攻撃が行われるケースもあり、極めて危険な作業だったが、彼らの努力で何とか市民生活にも一定の秩序が保たれていた。

住民生活を何とか維持させようと、行政も努力をしていた。キーウ市のクリチコ市長は一一月初旬、発電機や暖房、非常用の水などを備えた避難施設を約一〇〇〇カ所設置すると発表。フェドロフ副首相は停電時に備え、衛星通信を利用したＷｉＦｉの接続ポイントを一一月以降、ウクライナ全土に設置すると表明した。住民らも、マンションに住む住民ならエレベーターが停止したときに備え、エレベーター内に善意で食べ物や携帯型トイレをビニール袋に入れて「災害対策キット」として誰もが使えるようにするなどの、草の根の対応を続けた。ウクライナメディアなどによれば、ガソリンなどで駆動する発電機の販売が、一〇月一〇日以降で前年の五～七倍に伸びた店舗もあった。

ただ、それでも対応には限界があった。電力供給のさらなる悪化を見越し、高齢者などは徐々に、ブチャなどキーウ近郊の都市からポーランドなどに脱出していった、という動きも耳にした。命を守るためにやむを得ない行動だろう。ベレシチューク副首相は一〇月下旬、海外に避難したウクライナ人に対し、電力需要の増大を避けるために「現時点では帰国を見送ってほしい」と呼び掛けた。まさに、綱渡りの対応が続いていた。

「ロシアと妥協をしても、侵略は止まらない」

電力関連施設など、民間の非軍事施設を意図的に攻撃する行為は国際人道法に違反しており、ロシア軍の攻撃は明らかにそのような行為にあたる。

しかしそれでも、ロシア政府幹部からは開き直りのような声が平然と上がっていた。ペスコフ大統領報道官は「ウクライナ側が問題の解決を拒否していることの結果だ」と言い放ち、ラブロフ外相は「電力インフラは西側の武器がウクライナに流入することを支えているのであり、攻撃対象として妥当だ」と言い切ってみせた。詭弁としか言いようがないが、侵攻を正当化するためなら、あらゆる主張が認められる現在のロシア国内の言論空間のいびつさを物語っている。

これらの発言が、国際社会と議論するために行われているとは考え難く、自国民に対しロシア軍の行為を説明することを主眼に行っているというのが実態だろう。ウクライナの電力施設への攻撃は、国際社会からの激しい批判を浴びたが、ロシア軍はその後も手を止めることはなかった。

ただ、ウクライナ国民の間ではこれらの攻撃があっても、ロシアに対し妥協するという空気は生まれていなかった。

「ウクライナ人の士気はまったく下がっていない。電力施設が攻撃されて、生活が厳しくなるほど、人々はロシアに対する怒りを募らせて、ウクライナ軍に勝ってほしいという思いを強めている」

キーウ市内で大学に務める男性は、私の質問にこう強調してみせた。多くの住民らの意見からは、彼の言っていることが決して誇張ではないと感じられた。生活は苦しいものの、人々は計画停電に合わせて生活の時間をコントロールしたり、キーウ市当局が設置した、自家発電設備で電力を供給したり、軽食などを用意した避難施設などを活用して、何とか生活をやりくりしていた。

市民のロシアに対する対抗意識がまったく下がっていない様子は、世論調査からも読み取れた。一〇月下旬にキーウ国際社会学研究所が実施した調査では、ロシア軍による全土への空爆が再開されても、国民の八割超がロシア軍への軍事抵抗を支持し、「都市への攻撃をやめさせるために、ロシアへの妥協があっても、即座に和平協議を開始すべき」との回答（一〇%）を大きく上回った。キーウ国際社会学研究所は「攻撃による人命の損失や破壊は、人々の恐れよりむしろ、強い怒りを招いている」と指摘している。

ウクライナ国民が妥協する姿勢を見せない背景には、ここで妥協をしてもロシアは結局、際限なくウクライナに対する侵略を続けるとの認識もあった。ある市民は「われわれはクリミアを奪われて学んだ。ロシアと妥協をしても、彼らは結局、侵略の手を止めないということだ」と語った。これは、多くのウクライナ国民が共有している考え方だった。

ロシアは二〇一四年三月にウクライナ南部クリミアを併合した。同時に東部では、ロシアの支援をあからさまに受けた親ロシア派勢力が一部領土を実効支配し、ウクライナ政府軍との紛争状態に入った。その後、ウクライナと親ロシア派勢力はいくども停戦に合意しながら、結局は紛争状態が続いた。一方で国際社会による対ロシア制裁は限定的で、事態の解決にはつながらなかった。そして八年を経て、ロシアはウクライナに対する全面侵攻に踏み切った。多くのウクライナ人は、ロシアとの妥協が無意味だと悟った。

ウクライナの通信社「ウクルインフォルム」に務める日本人記者、平野高志氏はキーウ市内で取材に応じ、ブチャでの民間人虐殺の実態が明るみに出たことで「明らかに欧米諸国によるウクライナへの支援の質が変化した」と述べ、事実上二〇一四年からロシアの侵略にさらされ続けてきたウクライナ人は〝このタイミングを逃してはならない〟と感じているのだと指摘した。電力施設に対する攻撃についても「二〇一四年に起きたマイダン（親ロシア政権の転覆につながった大規模デモの中心地となった独立広場の通称。同政変の通称としても使用される）は真冬に起きたが、多くの市民はその極寒に耐えた。彼らは、部屋の中の気温が氷点下にまで落ちなければ、生きていけると考えている」とキーウ市民の気丈な気質を解説してくれた。

私はモスクワ特派員も経験したが、ロシアは極寒の地であっても集中暖房が行き届いていたため、寒さに対しそこまでのつらさは感じなかった。ロシアの一般市民もそれは同様で、彼らが寒さに強いという印象は抱かなかった。ウクライナの人々のこのような思いはきっと、多くのロシア人も理解が困難だったに違いない。

ヨウ素剤は飛ぶように売れた

私がキーウを訪れた二〇二二年秋に市民がさらされていたのは、空爆と、電力を奪われるという恐怖だけではなかった。核の脅威もまた、深刻な懸念をもたらしていた。

「シェルターも、水も、缶詰も用意した。核攻撃のことを気にするのは、もうやめにしたいと思う」

「核攻撃があることをつい、心配してしまうが、そのたびに地域のボランティア活動に集中して忘れようとしている」

「キーウに対して核攻撃が起きるとは思わない。きっと、アメリカの諜報機関が事前に察知してくれるはずだ」

私の「核攻撃が起きることに備えて、何か準備をしているか」との問いに、市民の答えはさまざまだったが、彼らの言葉からはいずれも、〝核攻撃が起きてほしくない〟という強い願望が窺えた。

私も、市内の薬局で小さな錠剤を購入した。甲状腺への被ばくを避けるとされるヨウ素剤だ。日本円で三〇〇円程度の金額で、八つほどの錠剤が入っていた。ただし、世界保健機関（WHO）のガイドラインによれば、四〇歳以上の男性はヨウ素剤を服用するメリットはないとされていて、四〇代後半の身には気休めにもならなかった。

しかし九月下旬ごろには、このヨウ素剤が爆発的に売れて、市内の薬局では入手が困難になっていたという。ウクライナ軍が東部ハルキウ州で多くの領土を奪還したため、その報復としてロシア軍が核兵器を使用するとの懸念が市民の間で急激に高まったためだった。ウクライナ軍は同時期にも東部、南部で攻勢をしかけ、ハルキウ州をめぐっては、九月だけで数百の集落を奪還するなど反撃の勢いを増していた。アメリカなどによる長距離多連装ロケットの供給が進み、遠距離からロシア軍の弾薬庫などを確実に攻撃できるようになったことで、奇襲攻撃が効果を発揮できたとされる。

ロシア軍は一方で、多くの装備を残したまま退却を余儀なくされるなど、混乱が目立ち始めていた。南部においても、ロシア軍は一一月上旬に要衝のヘルソン市からの撤退を決めたが、ここでは市内の商店や民家などでロシア兵が激しい略奪を行っていた様子が動画で流出していた。軍の規律が失われている実態が鮮明になっていた。

しかし、そのような状況は逆に、ウクライナの人々にロシアによる〝核の報復〟への深刻な懸念を呼び起こしていた。

偽旗作戦による核攻撃の恐怖

ロシアは侵攻当初から、一九八六年に史上最悪の原発事故を起こしていたチェルノブイリ原発や、ヨーロッパ最大規模の南部ザポリージャ原発を制圧するなど、ウクライナの原子力関連施設に対する攻撃や占拠を行っていた。プーチン大統領は三月、「（ウクライナが）核兵器を取得し、核保有国の地位を得ようとしている」などと主張し、ウクライナ国内の原発などに対する攻撃を正当化していた。さらにプーチン大統領の主張と歩調を合わせるかのように、国営メディアが正体不明の「情報筋」の話として、ウクライナがチェルノブイリ原発で「汚い爆弾（ダーティー・ボム）」を製造していたと一斉に伝えるなど、根拠のない主張を展開してウクライナを攻撃する懸念が高まっていた。

「汚い爆弾」とは、放射性廃棄物などを混入させた兵器のことで、核兵器ほどの爆発力はない。しかし、攻撃された地域に対して長期にわたる放射能汚染を引き起こし、復興を妨げるだけでなく、住民に対し深刻な心理的圧力を与える効果が見込める。

ウクライナがハルキウ州などでの奪還作戦に成功した後、ロシアはウクライナに対する〝核の脅し〟をさらに強めていった。一〇月二三日、ロシアのショイグ国防相はアメリカ、イギリス、フランス、トルコの国防トップと立て続けに電話協議を行い、それぞれの協議においてウクライナが「『汚い爆弾』を爆発させる恐れがある」と主張した。裏付けとなる証拠は示さなかったという。

ウクライナ側は「『汚い爆弾』をめぐるロシアの虚偽の主張は、ばかげている以上に、危険だ」（クレバ外相）とロシアを批判し、米英仏はロシア側の主張を「見え透いた虚偽」と断じたが、関係国はロシアが核による攻撃に踏み切るとの懸念を強めざるを得なかった。このようなロシアの動きは、自作自演で爆弾を使用した上で、逆に〝攻撃された〟と主張する「偽旗作戦」に利用される可能性があったからだ。キーウの市民らが懸念を深めたのは当然だった。

行政当局も、市民の懸念に対応せざるを得なかった。キーウ州幹部は一〇月中旬、同州内において、四〇〇カ所以上の核シェルターを準備していると明らかにした。核攻撃が行われて電波障害が発生した事態を踏まえ、シェルターには電池で稼働する携帯用ラジオなどが配備されるなど、実際の利用をにらんだ動きを進めていた。さらに同幹部は、非常事態に対応する同州の医療関係者らが核攻撃発生時に向けた訓練を終えたとも明かしており、ロシアによる核攻撃が行われる危険性を現実的ととらえている実態が窺えた。

さらにウクライナの政府系メディアは、核爆弾が実際に使用された際の対応マニュアルもウェブサイト上で公開した。「（核爆発で起きる）閃光に気が付いたら、その方角を見つめてはいけない」「可能な限り体全体を（衣服などで）隠して、膝をついて、下を向いて顔を手で覆う」「風向きを念頭に置きながら、シェルターに向かう」――

などの内容が記されていた。生々しい内容に、私も強い緊張感を覚えざるを得なかった。

チェルノブイリ原発事故の記憶

ロシアが原発施設を攻撃したり、占拠したりする詳細な理由は判然としない。すでに二〇〇〇年に稼働を停止し、廃炉処理が続いているチェルノブイリ原発をめぐっては、全面侵攻開始直後にロシア軍部隊が占拠した。中にいた作業員らに長期にわたって交代を許さなかったり、周辺で塹壕を掘ってそこで寝泊まりしたりするなどの行為に及んでいた。原発周辺の森は、一九八六年四月に発生した事故から四〇年近くたった今も高い放射線濃度が観測され、三〇キロメートル圏内は一般人による立ち入りが禁じられている。そのような土地で、汚染された土壌を掘り返し、さらにそこにとどまるなど、自殺行為に等しい。実際にチェルノブイリ周辺に駐留した兵士が、ロシアに帰国したあとに被ばくで死亡したとの情報もある。

しかし、チェルノブイリ原発事故を経験したウクライナ国民はいずれにせよ、原発事故が起こす惨事について身をもって理解しており、放射性廃棄物を使った「汚い爆弾」による攻撃が実施される可能性が、彼らの心にどれだけの圧迫を与えていたかは想像に難くない。心理的に追い詰められたキーウ市民らがインターネット上で、核による攻撃を受けた際には〝乱交パーティー〟を行おうと呼びかけた事例もあった。精神的に追い詰められるなか、「快楽で立ち向かおう」とする発想だったというが、彼らを取り巻く状況の厳しさを物語っている。

ウクライナ国内の原発をめぐってはさらに、ウクライナ軍が反撃を強めていた二〇二三年七月にロシア軍が占領していたザポリージャ原発の原子炉六基のうち二基の周辺部分に爆発物が仕掛けられ、原発職員に退避が命じられたとの情報が流れて国際社会を震撼させた。ザポリージャ原発をめぐっては、外部電源が喪失する事態が繰り返し発生しており、不測の事故が発生する懸念が長期にわたり続いている。爆発物設置の情報が流れる前には、ザポリージャ原発用の冷却水が取水されていたカホフカ水力発電所のダムが爆破される事態も起きており、情勢は混沌としている。

スマートフォンが変えた戦争

今回の戦争が見せた最大の特徴のひとつは、戦争、そして戦時下の生活におけるスマートフォンや通信ネットワークの維持の重要性だ。それはキーウでの取材活動でのあらゆる局面で感じられた。

空襲下で、どのように取材を継続するのかという質問をよく受ける。私も、市民も、すべての人々が使っているのが、スマートフォンの空襲警報アプリだ。キーウ市では、戦争前までは交通機関用の電子チケットの発行などに使われていたアプリが、戦争開始を受けて、空襲警報アプリに様変わりした。名前と、ウクライナ国内での携帯電話番号などを登録すれば、どこにいても、空襲が始まる数十分前にけたたましい警報が鳴り、画面にアラートが点灯する。防空レーダーがミサイルの発射やドローンの接近を感知し、その情報を受けて警報が鳴る仕組みらしい。警報の精度は高く、鳴ればほぼ確実に攻撃がある。攻撃対象となる範囲が広いため、実際に攻撃音などを耳にすることはまれだが、いずれにせよスマートフォンが市民の生活を守る一助になっていることは間違いない。

スマートフォンや携帯電話はまた、戦争の在り方も変化させた。前線においては、不用意な携帯電話の使用で敵に位置を知られれば、即座に相手の攻撃の餌食となる。これは当然だが、それ以上に、例えば住民らが撮影したスマートフォンの映像が、巨大な力を発揮した。「テレグラム」などのSNSを誰もが使うようになるなか、動画の撮影、アップロードは極めて容易になった。ロシア軍の行動がスマートフォンで撮影され、それが戦況を変える大きなきっかけになったケースは少なくない。現地メディアの第一報が、SNSにアップされた住民らの動画で構成されていることは当たり前となった。

そのような事態をロシア軍は強く警戒し、例えばブチャにおける「ザチーストカ（掃討）」作戦では、兵士らは住民らの携帯電話の中身を執拗に調べた。ロシア軍は戦車の進軍の様子などを撮影した若者を次々に連行し、殺害した。ウクライナ軍の協力者とみなしたからだ。逆にウクライナ側は、攻撃を受けた現場の映像がインターネットに流出する事態を強く警戒した。スマートフォンで撮影された映像や動画は、メタデータと呼ばれる撮影日時や場所を示す情報を取得できれば、その地点を容易に割り出すことができるからだ。ロシア軍による攻撃が、ウクライナ側に具体的にどのような被害を及ぼしているかを知ることができれば、ロシア軍はさらに精度の高い攻撃を行うことが可能になる。

そのような、インターネット上に広がるデータを集め、詳細な戦況を伝えるメディアも注目されはじめた。オランダ発の軍事情報サイト「Ｏｒｙｘ（オリックス）」は、ＳＮＳなどで発信された戦地をめぐる膨大な画像を収集、分析して、両軍においてどれほどの被害が出ているかの実態に迫る情報配信を続けている。いわゆる「ＯＳＩＮＴ（オシント、オープン・ソース・インテリジェンスの略）」と呼ばれる調査手法だ。Ｏｒｙｘの調査から、戦争開始当初にロシア軍側の損失が想像以上に膨らんでいる実態が明るみに出た。当然、このような情報は戦争の全体像を示すことはできないが、それでもインターネットというものが戦時において、これまでとはまったく違う役割を果たし得る事実を証明した。

それはまた、戦時におけるデジタル情報の重要性を示した。戦時下における人々の生活を守る重要な手段となり、ゼレンスキー大統領が率先して利用したように、ＳＮＳを通じて国民に対しメッセージを送り続けることもできる。そして、大量の〝記者〟

となった住民らが撮影した映像が、戦況を正確に伝えるツールとなる。

また、今回の戦争は、ＡＩが明確な武器として使用された初の大規模な国家間戦争にもなったとみられている。ゼレンスキー大統領の「ディープフェイク」映像の登場だ。

ディープフェイクとは、過去に撮影された映像や音声をもとに、ＡＩを使ってまったく新しい精緻な映像を作り上げる技術のことだ。戦争が始まった約二〇日後の三月一六日、フェイスブックやユーチューブなどで、ゼレンスキー大統領が国民や自軍の兵士に対して降伏を呼び掛ける映像が拡散された。動画は、「フコンタクテ」などロシア国内で利用されるＳＮＳにも登場した。同時に、ウクライナの国営テレビもハッキング被害を受け、「大統領が降伏を呼び掛けた」との偽のテロップが流れた。

しかし、ゼレンスキー大統領の映像は完璧とは言い難く、動きが乏しく声のトーンも通常とは異なるなど、違和感を与える内容だった。ウクライナ政府は即座に反応し、ゼレンスキー大統領は偽動画が出回った数分後には、自らフェイスブック上に動画を投稿し、偽動画の内容を否定して「子供だましの挑発行為だ」と喝破した。西側のＳＮＳ運営企業の反応も早く、フェイスブックを運営するメタ社は偽動画を「わが社のポリシーに反している」として削除。ユーチューブ、ツイッター（現X）も同様の対応をとった。

ただ、一連の事態はＡＩを使った為政者の偽動画や、戦況を伝えるフェイク映像が高度に作り込まれれば、タイミング次第では戦争の行方を決定的な方向に導きかねない危険性を国際社会に知らしめた。対応をひとつ間違えれば、デジタル技術の活用で相手を打ち負かすことが可能である事実が浮かび上がったのだ。

デジタル空間もロシアとの戦場に

当然だが、キーウの街中を歩けばスマートフォンを手にしていない若者を見つけることが困難なほど、スマートフォンはほかの欧米諸国と同様に彼らの生活に浸透している。自身の生活空間から、遠く離れた戦場の様子までを知るすべをスマートフォンに依存するなか、デジタル空間をいかに正しく維持できるかは、ゼレンスキー政権にとっても国民を指揮する上で死活的な重要性を持っていた。

そのような状況をウクライナ政府は強く認識している。ゼレンスキー大統領はほぼ確実に一日に一度は、フェイスブックやテレグラム、ツイッター（現X）を通じて国民にビデオ演説を行っていた。私も、その演説を確認することが必須の日課となっている。ウクライナ政府はそのような事情を知っているからこそ、情報発信の大半は英語のテロップをつけたり、テキストであれば英語で直接情報を発信したりしている。英語、ウクライナ語の両バージョンで連日、膨大な情報が配信されているのだ。ゼレンスキー大統領だけでなく、情報発信は大半の主要閣僚が行っているほか、政権を側面から支える大統領顧問などのスタッフ、軍、主要自治体トップらが情報発信を続けている。ロシア軍に占領された地域を離れたウクライナ側の首長が、現地の内部情報を積極的に発信する事例も少なくない。このような情報発信の取り組みが、国民の一体感を維持することに役立っていることは想像に難くない。

そのような時だからこそ、通信インフラを維持する企業の活動も死活的に重要な意味を持つことになる。ウクライナ国内では、都市部を離れて森林地帯などを列車で移動するときを除けば、ほぼどのような場所であってもインターネットの利用が可能だった。背景には、ウクライナ国内の通信企業が徹底的に通信環境を維持する取り組みを続けている実態がある。二〇二二年四月二六日の日本経済新聞電子版の報道によれば、ウクライナの携帯大手三社は各社の通信網を共有できる仕組みを作ったという。日本でいえば、NTTドコモ、KDDI、ソフトバンクがそれぞれ、通信網を補完しているような形だ。

陥落寸前のマリウポリからのオンライン会見

前線においても協力に徹しており、例えばロシア軍の激しい空爆と地上軍による攻撃にさらされた南東部マリウポリですら、ロシア軍により制圧されるまでは、銃撃戦のさなかでも基地局の電力を維持するために社員がディーゼル燃料の供給を続けたという。通信が不可能になれば、その燃料を他社に融通して通信網の維持を図った。

ウクライナの通信会社は実際には、今回の全面侵攻以前から、通信インフラ攻撃に備えた準備を行っていたという。二〇一四年に起きたロシアによるクリミア併合以降、ウクライナ側がさらなるロシアの襲撃を想定していたことが窺える。彼らは非常時に特定の通信網に負荷がかかる事態を想定し、ネットワークの帯域幅を拡充したり、耐性テストなどを実施したりするなどして、通信網の強化を進めていた。

通信インフラの活用という点で、印象的な出来事があった。南東部のアゾフ海に面するマリウポリでは、ロシア軍の度重なる猛攻撃を受けて陥落する直前であったにもかかわらず、市内にある巨大な製鉄所に民間人らとともに立てこもっていたウクライナの軍事組織「アゾフ大隊」の幹部らが、製鉄所の地下から「Ｚｏｏｍ」を使って記者会見を開いたのだ。ＳＮＳによる発信で、会見の開催を知った私もあわてて登録し、東京のオフィスから視聴した。壊滅寸前の状態にある同大隊に対する国際社会の支援を呼び掛ける内容だったが、その構成は入念に練られていた。ロシア軍のよる最終突入が迫る危機的な状況下での会見をやり遂げたことに、ウクライナ側がいかにデジタル技術の活用に精通しているかを痛感させられた。同時に、そのような状況下にあるマリウポリで、通信インフラが利用できていた実態に驚かされた。

最終的に製鉄所はロシア軍により制圧され、会見を行ったアゾフ大隊の副司令官らはロシア軍の捕虜となり、その動静は一時不明となったが、インターネットを使って国際社会を巻き込もうとした彼らの戦略が一定の成果を上げたことは間違いない。

通信網の維持においては、国際企業による支援がウクライナを支えていた事実も見逃せない。アメリカの富豪、イーロン・マスク氏が率いる「スペースＸ」は、ウクライナのフェドロフ副首相兼デジタル担当相の要請を受け、衛星経由でインターネット通信を提供する「スターリンク」の対応端末を大量にウクライナに供給した。地上に基地局や通信網を整備する必要がある通常の携帯電話網と比較し、衛星を活用した通信サービスはミサイル攻撃などによる影響を受けにくい。ロシアによる侵攻開始直後、ウクライナではスターリンクのアプリのダウンロード数が急増した。

ただ、ロシア軍が電力設備を対象にした空爆を強化したことは、ウクライナの通信網にとっては打撃だった。私がウクライナ国内に滞在していた二〇二二年一〇～一一月にはロシアの攻撃対象が発電所や送電網などに集中し、滞在していたキーウ市内のホテルなどではインターネットに接続しにくい状況が頻繁に起きた。完全にインターネットが途切れる事態にまでは至らなかったが、通信インフラはロシア軍の空爆が激しさを増すなか、不安定な状況に陥る事態を余儀なくされていた。

インターネット回線による支配

情報の流れを抑える重要性は、ウクライナの領土を占領し、統治しようとするロシアも十分に認識している。そのためロシア軍は被占領地となった地域の通信網を遮断し、ロシア経由での情報のみを流すなど、厳しい情報統制を敷いた。

そのような事態が開戦当初から鮮明に把握されたのが、クリミア半島に接し、開戦直後にはロシア軍に占領されたウクライナ南部ヘルソン州だ。

「占領されたウクライナ南部ヘルソンは、インターネット回線がほぼ完全に遮断された。複数の通信会社のサービスがダウンしている実態は、これが〝事故ではない〟現実を示している」

世界のインターネットの接続状況を監視するイギリスの団体「ネットブロックス」が二〇二二年四月下旬に発信したヘルソンにおけるデータ通信のトラフィック量を示すグラフは、谷を落ちるように急下降していた。ウクライナ政府は五月一日の声明で、ヘルソン州、ザポリージャ州の一部でインターネット回線と携帯電話網が四月三〇日に遮断されたと発表した。回線の遮断は通信基盤となっている光回線の破壊や、通信会社が保有する基地局の機材への電力供給が恣意的に止められたことが原因だと発表した。同地域を占領したロシア軍が、ウクライナ側の通信インフラを遮断したのだ。ヘルソンでは、これらの通信網は被占領地域のクリミアの通信会社を経由し、ロシアから提供される形がとられた。これにより、ウクライナ政府やメディアの情報に人々はアクセスができなくなった。ウクライナの通信網を遮断することで、被占領地域の情報統制が行われたのだ。

ロシアはさらに、テレビ番組の放送に使用されるテレビ塔のシステムも破壊しており、ウクライナ側のテレビ番組を見ることもできなくなった。ヘルソンを占領した直後に、ロシアメディアは「通信回線の遮断を命じたのはウクライナ政府だ」などと主張する報道を行っていたが、一連の事象を見れば、そのような事実はあり得ないことがわかる。

ただ被占領地となった地域では、VPN（仮想私設網）サービスを活用してウクライナの回線にアクセスするなどの工夫を凝らしていた住民もいた。VPNとは、アプリなどで提供され、インターネット上に仮想のトンネルのようなものを構築することで、特定地域のサーバーに接続するシステムである。私は、ウクライナ滞在中に被占領地域に入ることはなかったが、二〇一四～一八年初めまでモスクワで勤務していた際に、ロシア政府が相次ぎ海外のSNSを遮断するなか、同様にVPNアプリをiPadにダウンロードして「LINE」などのサービスを利用していた。ヘルソンではロシアの占領に反対する市民によるデモなども起きており、厳しい抑圧にさらされながら多くの市民がロシアへの対抗意識を維持し続けた実態も伝えられている。

ヘルソンは、二〇二二年の一一月上旬にはウクライナ軍が奪還した。ネットブロックスによれば、その直前の一〇月下旬には逆に、ヘルソンの通信網をコントロールしていたクリミアのロシア管理下の通信会社「ミランダ」のインターネット網がダウンした事象を伝えている。このとき、ロシア軍はヘルソンに進出したロシア企業などに撤退するよう要請しており、通信サービスも同様に引き揚げられたもようだ。地域支配と通信網の支配が密接に関連している事実を窺わせる。

戦禍と希望が交じり合う都市オデッサ

ロシア帝国時代にエカテリーナ二世の手によって都市が建設され、亡命フランス人知事が手掛けた街並みが中世のヨーロッパを思わせる歴史都市、オデッサ。黒海に面し、風光明媚な港町は「黒海の真珠」などとも呼ばれ、ソ連時代は第一次ロシア革命を描いた映画「戦艦ポチョムキン」の撮影場所だったことで映画ファンには知られた。

州の沿岸にはウクライナ有数の港湾が立ち並び、ウクライナが国際社会で強みを持つ、鉄鋼や穀物などの輸出拠点としても重要な意味を持った。ウクライナ南部の中核に位置付けられる都市で、日本では横浜市とソ連時代から姉妹都市関係にある。

一〇月一〇日から本格化したロシアによる電力施設攻撃で、突然の大規模停電（ブラックアウト）の懸念は尽きなかったが、私は一一月上旬、列車でキーウからオデッサに向かった。当時、ヘルソン州などほかの南部の地域で戦闘が激化し、開戦直後からロシアの占領下にあった州都ヘルソンをめぐりウクライナが奪還を目前にしていたほか、穀物輸出の継続の行方などが焦点に

オデッサ市街。ウクライナ有数の観光地であり、経済を支える港湾都市でもある

なっていたこともあったが、実はオデッサは二〇三〇年の万博誘致活動を戦時下においても続けていた。二〇二五年に万博を控える大阪を拠点とする記者として、どうしても実情を追ってみたいという思いがあった。

夜一一時台の寝台列車でキーウからオデッサに向かった。このような局面でも、鉄道輸送が安定的に続く状況には驚かされる。翌朝六時過ぎには、オデッサ市内の中央駅に到着した。

オデッサの避難民たち

ソ連時代を思わせる、古めかしく、ホームや駅舎が大雑把な作りの中央駅では、多くの家族連れが下車していった。早朝のオデッサの街では、仕事に向かうのであろう人々が、忙しそうに行き交っていた。配車アプリのウーバーでタクシーを呼ぶと、間もなく車が来た。それほど古くもない、フランス車のプジョーがやってきたが、乗り込んで間もなく、市を取り巻く現状の一端を感じさせられた。運転手のオレグは、ヘルソンから来た避難民だったのだ。約二カ月前に、家族でヘルソンから脱出したのだという。現地の様子を尋ねる私に、「ヘルソンではロシア軍に住民が殺されただけでなく、物資の略奪が激しかった」と振り返った。

ウクライナ軍によるヘルソン奪還が目前に迫るなか、ドニエプル川の東岸に退避を始めていたロシア軍は、店舗や住宅、企業のオフィスなどからあらゆる物資を略奪し、移送し始めていた。ヘルソンが奪還されれば帰宅する考えかとの問いに、オレグは、「いや、とても……。ヘルソンでは、電話もインターネットも切断されている。戻るには、相当時間がかかる」と言葉少なに語った。一方で「市内には両親が残っている。彼らが今、どうやって生活しているのかもわからない」と、故郷への揺れる思いを示唆した。

たどり着いた小さなホテルでも、そこで働いていたのは避難民の男性だった。オデッサから車で二時間程度の距離にある、最前線のミコライウ出身だという。町は相当程度が破壊され、男性は「水すら飲めない状況だった」と語った。水道施設が破壊され、汚れた水が出るばかりだったという。

ウクライナと世界をつなぐ港

クリミア半島に隣接するヘルソン州、そしてザポリージャ州、ドネツク州と、ロシア軍は開戦以来、黒海、アゾフ海沿いの南部の地域の占領を進めた。クリミアとロシア本土を結ぶ〝回廊〟を築き、さらに西側に国境を接するモルドバまで占領する狙いがあった。オデッサは、そのようなロシア軍の侵攻を食い止める最後の砦のように残っているが、侵攻開始当初から、黒海に展開するロシアの艦隊から繰り返し砲撃を受けていた。

一方でオデッサではまた、市内を走る国連の車両を何度も見かけた。アフリカや南アジア、中東などに幅広く流通し、人々の生活を支えているウクライナ産穀物の輸出をめぐっては、オデッサ州内の港湾がその拠点となっていた。黒海で展開するロシア軍の艦艇や、海中に敷設された機雷が輸送船の行く手を阻むなか、その開放を求める国連にとりオデッサは重要な意味を持っていた。市内にはまた、一九世紀から保存されてきた貴重な歴史的資産が数多く存在しており、キーウ市内で同じホテルを拠点としていた国連教育科学文化機関（ユネスコ）の職員なども、繰り返しオデッサを訪問していた。

だからなのか、私が訪れた二〇二二年一一月は、オデッサ市内に対する攻撃は比較的小康状態にあった。市民らは「国連が来たから、ロシアは手を出せないのだろう。防空システムもしっかり稼働している」などと自分を励ますように語っていた。それは、確かに事実であったかもしれないが、のちにウクライナ軍が反転攻勢を仕掛けた際には、オデッサは再び激しい空爆に見舞われた。ロシア軍は攻撃ができないわけではなく、あくまでも〝今はしない〟という状況だったのだと推察される。

オデッサ滞在中の一一月一一日、全面侵攻開始直後からロシア軍により占領されていたヘルソンが、ウクライナ軍により解放された。オデッサ市内のオペラ劇場前では人々がウクライナ国旗を掲げて祝う姿が見られ、その日は夜も街中では若者らが、電力不足でおぼろげな明かりが残るばかりだった目抜き通りで、奪還を祝って大音量の音楽を流しながら、好き勝手に騒いでいた。ただ、解放されたとはいえ、ロシア軍はドニエプル川の対岸に退避しただけで、ヘルソンが依然として最前線であることには違いはない。人々の喜びも、現地の実態を熟知しているだけに、爆発的なものでは決してなかった。その後の事態からはまた、ヘルソンをめぐる厳しい状況が改めて浮き彫りになっている。

ウクライナで復興万博を

そのような状況にあるオデッサが、「二〇三〇年万博」の招致に名乗りを上げていると日本で聞いたときには、耳を疑った。大阪経済部に所属する私は、大阪においては二〇二五年に開催が迫る万博をめぐり取材活動を行っており、二〇二一年一〇月には、ドバイ万博の開幕もカバーした。万博というものの誘致、そして開催がいかに困難であるかを知るだけに、オデッサが万博招致の手を下ろしておらず、戦時下である二〇二二年九月にはフランス・パリの博覧会国際事務局（ＢＩＥ）に万博の基本計画書である「立候補申請文書」を提出していたという話は、にわかに信じ難かった。

計画の中心にいたオデッサ州のロマン・グリゴリシン副知事を、市中心部のオフィスに訪ねた。面会した二〇二二年一一月の時点で、三一歳という若さだった。もともとビジネスマンだったが、州知事に請われて副知事に転じ、州の経済振興策の策定を要請されて注目したのが万博だったという。東京五輪の会場設計を当初手がけたイギリスの設計事務所と組み、実現に向けた作業を開始したが、間もなくロシアによる全面侵攻が始まった。

「すべてがだめになったと思いましたよ。侵攻が始まると、オデッサの街も空爆に見舞われたので。まず、市内に滞在していた外国人の退避を促し、続いて女性や子供らを国外に避難させました。率直に言って、万博のことよりも、〝自身の妻と子供の安全を守れるのか〟と思い悩んでいました」

若い副知事は、当時の様子を率直に語ってくれた。しかし、何もかもが破綻したと思っていたが、侵攻開始から二カ月ほど経ってから、「設計事務所や国内外の企業から〝すべて、無料で協力するから、ぜひ万博をやろう〟との声がかかり始めたのです」と打ち明けた。

オデッサ万博を主導した、ロマン・グリゴリシン副知事

　それから作業を徐々に進め、二〇二二年九月には英語、フランス語の双方で執筆さ

れた分厚い「立候補申請文書」の作成を終えた。「私たちがパリに提出しに行くと、万博誘致を表明していたほかの国々の関係者らが本当に驚いていましたよ」と当時を振り返った。

ウクライナが、復興万博を目指す――。中世のヨーロッパを思わせる美しい石畳が広がり、歴史的な建物が並ぶ市中心部のオフィスで行われたインタビューは、まるでひとときの夢のような時間だった。

破壊とバリケードの「夢洲」

しかしその夢は、ほどなく現実に引き戻されることになる。副知事は私に、「ぜひ万博の開催予定地を見ていってほしい」と促した。ともに万博準備に携わるアナトーリと名乗る地元の企業経営者が車を出してくれた。だが、会場だという市の郊外にある湖のほとりまでたどり着くまでの光景は、戦場そのものだった。

市中心部を離れると、旧ソ連の港湾都市らしい古めかしい街並みが広がっていた。次第に多くの倉庫や、工場が立ち並ぶ地域に入ったが、道路は何重にもバリケードが張り巡らされ、ロシア軍が上陸した場合に備え兵士らが身を隠すトーチカがいくつもあった。何人もの兵士や、領土防衛隊とみられる迷彩服姿の人々が銃を肩に担いで、警戒にあたっていた。アナトーリは「市中心部以外は、決して写真を撮らないでください」と私に繰り返し語った。陣地などの情報を漏らさないようにするためだ。途中、破壊された建物をいくつも見たが、彼は「（ウクライナ全土へのミサイル・ドローン攻撃が再開された）一〇月一〇日の攻撃によるものです。イラン製ドローン、シャヘドが使われたようです」と説明した。

車で二〇分ほど移動してたどり着いた、万博会場となる予定の湖畔も、同様だった。

オデッサ万博の開催予定地だった、郊外の広大な平野

「幹線道路、また湖の写真は撮らないように」と要請された。湖と道路を挟んで南側にある、麻が一面に生え、ところどころに電線をつなぐ鉄塔が立つ広大な土地がその候補地だという。大阪の万博会場となる夢洲をどこか思わせる光景だったが、開催のハードルはあまりにも高いと思わざるを得なかった。

オデッサをめぐっては、ＢＩＥの代表団が二〇二三年春に現地を訪れて視察をしている。ただ、最終的には六月に行われたＢＩＥ総会で、サウジアラビア・リヤド、韓国・釜山、イタリア・ローマだけが候補として残り、ウクライナ・オデッサは誘致レースから脱落が正式に決まった。オデッサは、厳しい現実を突き付けられた。

閉ざされた海

オデッサは風光明媚な海岸や港で知られる、ウクライナ随一の観光地という側面を持つ。実際にはソ連崩壊後の経済的な混乱で、かつてほどの賑わいは見られないが、それでもオデッサといえば、ウクライナの人々が憧れる地だった。

「海岸は、黒海からのロシア軍の攻撃の対象となるため、全域にわたって立ち入ることはできない。戦艦ポチョムキンの映画撮影で使用された、著名な階段があるエリアもバリケードが張られている」とホテルのスタッフから言われていたが、副知事らから一部の海岸は入ることができると聞き、万博誘致エリアの取材後に、大急ぎでタクシーで駆け付けた。海岸沿いの曲がりくねった道を車で降りると、海岸沿いのデッキのような広場にたどり着いた。日暮れ前の時間だったが、思い思いに海岸の景色を楽しむ市民の姿があった。

写真撮影は厳禁だったが、それでもスマートフォンで海を背景にポーズをとって記念撮影をする若者らの姿も見られた。散策する人、海面をのぞき込む人など、市民らはごく普通に海辺の景色を楽しんでいた。

デッキを静かに散策していた、市内在住という初老の夫婦に戦争について話を聞くと「まったく、終わりが見えない状況だ。戦争は三割が終わった程度だと考えている」と悲観的な見通しを示したが、「ホテルまで帰るなら、車で送ってあげようか？」と親切に申し出てくれた。戦時下で苦しい生活を送る市民に、送迎をお願いする気持ちにはなれず丁重に断ったが、危険を冒してでも海を見て、ひとときの安らぎを得ようとしている普段と変わらぬオデッサ市民の姿を見ることができたことは僥倖だった。

復興を目指す「虐殺の町」ブチャ

町が破壊されても、外国の軍隊に蹂躙されて多くの人が死んでも、住民はその地に残り、生活を送らざるを得ない。そこでは日常があり、食事もしなくてはならないし、生活を支えるために働いて、お金を得なくてはならない。家族がいれば、どのようなことをしてでも、彼らを養わなくてはならない。だから人々は日々空襲に遭っても、町の復興に向けて悩み、行動していく。

ロシア軍による直接的な占領を受け、多くの住民らが虐殺されたブチャにおいても、そのような動きは始まっていた。ロシア軍がベラルーシ国境を越えて再び攻めてくる可能性を常に感じながら、人々は前に進もうとしていた。中には、強い意志をもって、町を変えようとする若者もいた。

ブチャ市の中心部からキーウに向かう幹線道路を車で一〇分ほど行った道路脇に、平屋で、奇妙な色合いの看板を掲げた店があった。「ハッティンカ・ペカリャ（パン屋の小さな家）」と書かれている。周囲には、火をおこすための薪が積まれていた。

「ハッティンカ・ペカリャ」店主のヤロスラフ・ビズキフスキー氏

ドアを開けると、かまどの上に寝転がっている巨体の若者がいた。ヤロスラフ・ビズキフスキー、当時二八歳。私たち取材陣を見ると、もぞもぞと下に降りてきた。ほかにも二〇代とみられる男性と女性がふたりいて、彼らは焼き上がったパンを並べ、パンの中に詰める肉と、「ディル」などと呼ばれる香草で作った餡をこねていた。小さな小屋の中は、独特の酸っぱいにおいが立ち込めていた。

ここは、ブチャの人々に人気の自家製の焼き立てパンの店だった。取材中にも、車を飛ばしてパンを買いに来た地域住民らが何人もいた。形もまちまちな温かい焼き立てパンは、食べるとウクライナの肉料理のような濃い味わいが口いっぱいに広がった。クッキーも焼いていたが、食べると独特の柔らかみで、素朴な甘さが感じられた。日本では経験したことがないおいしさだった。

「ロシアの兵士らが寝床にしていたこの小屋のドアを開けるときは、祈るような思いでしたよ。地雷が敷設されていた可能性もあったので……。だけど、事前に調べることはできなかった。ウクライナ軍も、そこまで手を尽くすことはできない。幸い、地雷はありませんでした」。ヤロスラフの表情は、淡々としていた。ブチャではそれが、避けようがない現実だった。

彼はキーウ出身だった。もともと、キーウのレストランで働いていたが、二〇二〇年に本格化したコロナ禍を受けて失職し、自分でパン屋を立ち上げることを思いついた。キーウのベッドタウンであるブチャに店を構えることを決め、自分で店もかまども作り上げた。

パンの焼き方には、ウクライナの伝統製法にこだわった。「ペーチ」と呼ばれるウクライナの伝統的なかまどだけでパンを焼き上げるこの製法は、三五〇度ぐらいの熱を出すことができ、二〇〇度ほどで焼く電気を使った製法よりはるかに高温でパンが焼けるのだという。「これが、パンを柔らかく焼く秘訣です」と彼は語った。店は、瞬く間に地域の人気店になった。

しかし、ロシア軍の侵略で事態は一変する。ヤロスラフはキーウから出ることができず、ブチャやイルピンに住む従業員らも来ることはできなかった。店は、ロシア軍が勝手に入り込み、拠点としていた。その後、二〇二二年三月末にロシア軍が撤退。ヤロスラフが店に戻ったのは四月一五日のことだ。

店にあった器具はすべて、壊されたか盗まれていた。その再建は容易ではなかったが、ポーランド人のボランティアが募金を集めて器具を調達してくれたほか、小麦の調達などでも支援をしてくれ、ほどなく店舗として事業を再開した。

ただ当初は、店を再開しても料金を取らずに、無料でパンを市民に配ったり、軍やボランティアに提供したりしていた。「少しでも」といって、お金を払ってくれた人もいて、そのお金で地代を払った。店として、通常の営業を再開したのは、九月に入ってからだった。

「ここに、再びロシア軍が来る可能性がある中で、店を再開することに怖さはなかったか」との私の質問に、ヤロスラフは少しだけ何かを考えた後に、強い意志を感じさせる口調で答えた。

「怖かったけど、再開できることにただ感謝していた。パンを焼くことは、僕の義務だと思っている。ウクライナ兵はきっと怖いと思うけど、彼らはそれでも前線に行く。だから僕も何かをしなくちゃいけない。僕が焼いたパンは、ブチャに住む人々を少しでも幸せにすることができる。それが仕事というものなんじゃないのかな。僕が店を開ければ、人々もブチャに住むことに〝自信〟を持ってもらえると思う」

当然、客足は侵攻前よりは減っているという。ただそれでも「何か特別なことをする必要があるとは思わない。誰もが、自分の身の安全に責任を持っているのだからね」と語った。

ブチャに残った中小企業

「誰もが、先が見えない中ですが、将来だけを信じて店を修繕し、新たな生活を開始しているのです」。そう語る、ブチャ市内の中小企業支援センター「ディア（行動）」の所長を務めるアンナ・ストラホフスカの言葉には、「自身もそうです」との思いがにじんでいた。

ブチャの街中を歩くと、鉄道駅の近くにはトタンや板でできた粗末な店舗や、路上に〝ござ〟を引き、バケツに入れた野菜や日用品を売るような人々がいた。それと同時に、真新しいカフェや家電店、スーパーなども少しずつ再開していた。彼らが「決してブチャが今後も安全と確信して、事業を再開したわけではない」と、アンナは強調した。

中小企業支援センター「ディア」はもともと、キーウに近いブチャを中小企業やスタートアップ（新興企業）の拠点に育成しようとしたウクライナ政府の施策で建てられた。補助金を活用して、地場の中小企業のために企業向けのコンサルティングや、オフィスの貸し出し、自治体と企業、NGO（非政府組織）などとのマッチングイベントを展開していた。二〇二一年一二月に開設したばかりの新しい施設だった。

しかし、そのわずか二カ月後にロシア軍

「ディア」のアンナ・ストラホフスカ所長。ブチャで中小企業支援を続ける

による全面侵攻で被災する。施設はチェチェン共和国やブリヤート共和国の出身のロシア軍兵士らが占領し、ディアがあるマンション全体が厳しい破壊を受けた。ロシア軍は二〇二二年三月末までに撤退したが、テレビやプロジェクターなどの設備は根こそぎ収奪された。

アンナ自身も幼い子供ふたりを抱えてヨーロッパに退避していたが、七月には帰国し、海外の支援団体による助けを受けて、九月末にディアの再開にこぎつけた。パン屋を営むヤロスラフと同様に「地域の企業に対して、支援があるというメッセージを伝えたかった」との思いからだ。

ただ、現実は甘くはない。人口の減少は、ビジネスの縮小に直結する。さらにロシア軍による収奪、破壊が行われた結果、資材がない。オフィスとなり得る賃貸ビルなども減少した。多くの男性が兵役につき、企業の活動再開に不可欠な電気技師といった専門的な知識、技能を持つ人々も圧倒的に不足している。何よりもなお、ブチャが再び戦禍に巻き込まれる可能性が否定できない。

「今、どれほどの企業がここに残っているのかもわからないが、それでも残った企業経営者たちは、再び自分のオフィスや店舗が破壊される危険性を承知の上で、ビジネスを再開している。それはただ、〝自分を信じている〟ということ以外の何ものでもない」。アンナは、地元の中小企業が手掛けたという化粧品や資材などを並べた棚を見つめながら、彼らの心情を説明した。それは、危険を承知でブチャに戻ってきた自分自身にも当てはめられることだった。

センターは私が訪れた日も、午前中には現地の不動産企業関係者が集まって、会議を行っていたのだという。集まった企業経営者らのオフィスにはまだ、電気設備が復旧していないためだった。「何としても、事業の本格再開を実現したい」。ディアに集まる企業経営者の思いは切実だった。ディアに展示された商品を生産する化粧品関連の企業の中には、ブチャで生産されていることが話題となり、海外に販路を開きつつある企業もあった。

地元の青年団の幹部として活動し、住民支援活動を手掛けるリュドミル・ジャノフもまた、「皆がブチャから去ってしまえば、われわれが行っていることはすべて無駄になってしまう。そうならないためにも、ブチャを再建していきたい。戦争前よりも、より良い町にしていきたい」と、ブチャの復興にかける思いを口にしていた。残った青年団のメンバーは毎週集まって会議を行い、地域の課題をひとつずつ洗い出し、その対処法を検討していた。

彼らはいずれも、「この戦争がいつ終わるか、まったくわからない」との認識を語っていた。しかし彼らは、そのような先の見えない状況下で行動を起こし、少しずつ周囲の人に支援の輪を広げることで、戦争中という最悪の条件の中で復興に向けた歩みを進めていた。彼らの取り組みが実を結ぶことを祈らずにはいられなかった。

フェイクニュースとの戦い

「八〇歳の方が〝いろいろ教えてくれてありがとう。今まで、何も知らなかったんだよ〟って、手紙を書いて送ってくれたこともあったんです」

電話取材に応じたのは、ロシアから発せられたフェイクニュースを見破る情報発信を展開するNGO「ディテクター・メディア」の中心者、クセーニア・イリュークだ。クセーニアらのチームはロシアが全面侵攻する直前の二〇二二年二月に、ロシアのフェイクニュースやプロパガンダを見破るための情報配信サイトを立ち上げた。ウェブサイトの計画は少し前から進めていたが、「ロシアの占領地域の幼稚園がウクライナ軍によって破壊された」という偽情報が出回り始めたことを受け、ウェブサイト立ち上げを実行に移したという。彼女は「まさか、本当にロシアが全面侵攻を行ってくるとは、思いもしませんでした」と述懐する。ディテクター・メディアの活動は多くの反響を呼び、ウクライナ政府やアメリカの支援機関などもその運営を助けている。少しでも多くの人に情報を伝えるために、ウェブサイトやSNS、さらに前述のようなインターネットを使わない高齢者でもわかるように、ラジオの番組内でもロシアの偽情報を解説するコーナーを設けたりしているという。

どのような内容なのか。例えば、二〇二三年七月二三日付で掲載されている「ウクライナの被占領地帯の住民を、ロシアがいかにプロパガンダに利用しているか。そして、何をすべきか」と題した記事では、ロシアの被占領地帯をめぐるウクライナ国内で広がる約四万のSNS（フェイスブック、ユーチューブ、テレグラム、ツイッター〈現X〉）上の投稿を分析し、ロシアに占領された地域にとどまらざるを得ない人々の生活をめぐる偽情報を流すことで、彼らの間や、さらにほかのウクライナ国民との間に相互不信をもたらそうとしているなどと分析している。

例えば、そのような地域に住む子供などの弱者は、戦争によって水道や電気、暖房などの必要不可欠の生活インフラが絶たれるなか、ロシア側の指示するままに彼らの〝支援〟を受けたり、ロシア領内の土地への移送に同意したりせざるを得なくなっている。そのような描写が、あたかもロシアが良いことを行っているかのように見せかけるツールとして活用されているなど、ロシアの手法を詳細にわたり解説している。

クセーニアによれば、ロシアのプロパガンダにはいくつもの特徴があり、例えばそれは「SNS上に新たにページが開設され、そこから発信された情報が、次々と別の特定のSNSのページで再投稿される」などの特徴があるという。またロシアのプロパガンダには、そこで特に頻繁に使用される独特の言い回しがあり、そのような単語がさらにハッシュタグにも利用されて、拡散しやすいように工夫がなされている。SNS上で、ロシア側がそれらの情報工作に活用するのは、秘匿性が特に高いとされるSNSの「テレグラム」だとも語った。

興味深いのは、戦争がロシア政府の当初の思惑と異なり長期化するにつれて、ロシアはプロパガンダをめぐる〝戦略〟を変更しているという点だ。われわれは侵攻開始当初、プーチン大統領らロシアの政権幹部が繰り返しウクライナを〝ナチス〟だと主張する場面に出くわした。ウクライナのゼレンスキー政権がナチスと同等の政権であり、そのナチス政権を打ち破るためにやむなくロシアは立ち上がった――というのが、ロシア側の国内外に向けた説明だった。侵攻開始当初、ブチャなどに進軍した若いロシア兵などは、少なからずそのようなロジックを信じ込んでいた事実も浮かび上がっている。

ただ、クセーニアによれば「これはあまりにも、無理があった」という。「ウクライナはナチスというプロパガンダは、ロシア国内に住むロシア人向けにロシアが作成したもの」だったためだ。「実際には、ゼレンスキー大統領はユダヤ人で、国際社会では誰も、そのような主張に見向きもしなくなった」。さらにウクライナが、ロシアの当初の攻撃に対し反撃を強めるなか、「ロシアは次第に、〝ウクライナはナチス〟という論法を改めて、〝ウクライナはテロリスト〟という論法にシフトした」という。「テロリズムという言葉なら、それが何か、だいたい誰もが理解している。だから、ロシアはウクライナ＝テロ国家というプロパガンダを展開し、必死になって喧伝するようになった」というのだ。

さらに、ロシアが最も注力しているのは、ウクライナ人が「決して、戦争の被害者のように見られないようにする」ことだという。「彼らが苦しむのは、彼らがテロリストだからだ」との印象を与えようとしているためだからだという。

彼女は「ディテクター・メディアを通じて、人々がロシアの嘘やプロパガンダを自分から見抜いて、それらを〝笑い飛ばす〟ようにすらなってくれている。動画まで作ってくれた人もいる。これは、予想を超えたことだった。ウクライナ人が、いかにロシアへの対抗心を失っていないかが窺える」と語った。

真実を発信し続けるということ

ウクライナでフェイクニュース対策に取り組む民間機関はほかにもある。日本語サイトも展開する「ウクライナー（Ukraïner）」もそのひとつだ。同プロジェクトは、海外にウクライナの姿を正しく伝えることを目的に二〇一六年六月に開始された。キーウ市内のレストランで、電力施設攻撃で店内が真っ暗になるなか、創業者のボグダン・ログフチェンコが取材に応じ、その取り組みを丁寧に説明してくれた。

ロシアによる偽情報に対抗する動きとして、彼らが真っ先に取り組んだのは、侵攻開始当初に多くの避難民がウクライナからヨーロッパに逃げようとした際、有色人種の留学生らが国境で、差別的な扱いを受けたという報道に対する調査だった。当時、日本でもそのような情報が流れていたが、ボグダンは即座に「あり得ない」と感じたという。

「あれはただのパニックだ。数百万の人が国境に押し寄せていて、まずは女性と子供が優先される中で、留学生を含む男性は後回しになったに過ぎない。先に行こうとして、止められたケースはあったと思うが、それはレイシズムとはまったく関係がない」

「ウクライナー」のチームは、即座に二〇人ほどのウクライナから脱出した留学生らにスカイプやＺｏｏｍなどを使ってアプローチをした。するとやはり、「（報道されたように）外国人留学生が叩かれたり、連れ去られそうになったりしたなどという証言は得られなかった」という。それらの報道が当初流れたのは二月二七日ごろだったが、真っ先に報じたのは「ロシアメディアだった」ともボグダンは指摘する。

「ウクライナー」では、その調査結果を即座に日本語を含む約一二の言語で報道した。すると、インターネットでシェアされる動きがみられたという。隣国ポーランドや、海外のユダヤ人団体なども同様の調査を実施したが、やはり問題とされるような動きはみられなかった。

ロシアのプロパガンダには特徴があるという。「彼らが言っていること、行っていることは、その逆が真実であることが常だ。例えば、〝ウクライナが世界の食糧危機を引き起こしている〟などという主張はその典型だ。実際は、ロシアが行っていることを〝ウクライナが行っている〟としていることが多い」。自分たちの行為を覆い隠すために、ウクライナが行っていると主張しているというわけだ。現場を見ることができない海外の人々は、報道でしかその状況を知り得ないため、このような手法はロシアにとり有効なのだ。

そのようなロシアの手法に対抗するには「常に真実だけを伝えるしかない。われわれは、プロパガンダを使えない。ロシアメディアは何でも報じることができるが、われわれにはそれはできない。だから、慎重に、どこまでも正しい報道に徹するほかない」と語る。

なぜ、ロシア国内ではプロパガンダが容易く流布されるのか。その点について、彼は興味深い分析を行っていた。ロシア国内の情報空間について「ロシアは、このときのためにずっと準備をしていた。市民らに対し、〝すべての国が発信する情報はプロパガンダだ〟と思わせることで、〝自分は、ロシアのプロパガンダを信じるしかない〟と思わせる手法だ」という。その結果、ロシア人の考え方では「社会の誰もが、嘘つきになる」と指摘する。

徹底抗戦の源

「〝自分より重傷の患者のために、手術台を使ってほしい〟。そう訴えた青年は足の骨が折れて、体の外に飛び出ていました」

二〇一四年二月に、親ロシアのヤヌコビッチ政権を崩壊に追い込んだ民衆デモ。そのデモに参加した医学生のソフィアは、当時の様子をこう証言した。私が二〇一五年、モスクワ特派員としてキーウを訪れた際のことだった。

自由を求めるウクライナの若者らの熱気は、相当なものだった。多くの人々が、極寒のキーウの街中で、危険にさらされながら炊き出しやバリケードの護衛に携わっていた。「ソ連崩壊後の独立は、真の独立ではなかった。ロシアに依存し過ぎていたからだ。この政変は、ロシアからの独立戦争の始まりだと思う」。ティモシェンコ元首相の顧問を務めた政治アナリストのタラス・ベレゾベツ氏は当時、そのような見立てを私に示していたが、その後の流れは多くのウクライナ人が、同様に考えていたことを証明していた。

隣国、ポーランドの発展の様子を目の当たりにしていたことも、多くのウクライナ人の心を動かした。ソ連崩壊直後は、ウクライナ同様に激しい経済混乱に襲われたポーランドだったが、その後回復し二〇〇四年にはヨーロッパ連合（ＥＵ）に加盟。その後はＥＵ全体を上回るペースで経済成長を続けた。ロシアに強く依存し、ソ連時代さながらの汚職問題に悩まされ続けるウクライナの人々にとり、ＥＵに加盟して経済成長を続けるポーランドの姿はまぶしく映ったに違いない。

クリミア半島とドンバス地方を奪われ、その八年後にウクライナ全土への侵略に手をかけたロシアのプーチン政権。ウクライナ支配というプーチン大統領の意図が明確になるなか、多くのウクライナ人にとり、ヨーロッパを目指すという思いはさらに強固なものとなっていった。

INTERVIEW

戦争を招いたロシアへの「不処罰」ウクライナの平和のためには法の裁きが必須

二〇二二年ノーベル平和賞受賞団体「市民自由センター」代表
オレクサンドラ・マトビチュク氏

二〇〇七年に創設され、二〇二二年二月のロシアの全面侵攻開始以降は同国軍による市民への虐殺や拷問、強姦などの戦争犯罪の実態を調査、追及しているウクライナの人権団体「市民自由センター」のオレクサンドラ・マトビチュク代表が同年一一月上旬、キーウ市内でインタビューに応じた。マトビチュク氏は、ロシア軍は民間人への抑圧を、「戦争の手段として活用している」と強調し、その背景にはロシアが歴史的にも、このような行為を行ったとしても〝罰せられる〟経験が極めて乏しかったことから、戦争犯罪を看過する文化があると語る。さらに、ウクライナを支配することは決してプーチン大統領だけが望んでいるのではなく、国民も帝国の復活を望んでいるために、その多くが今回の戦争を支持している実態があると指摘した。

ロシアは明らかに、犯罪行為を戦争の手段として利用している。ロシア軍が住居用のビルや学校、教会、病院などの重要な民間インフラを破壊するのは、意図的な行為だと言える。今のキーウを見ればわかるように、市内では電力が不足し、暖房やインターネット、水の供給も途切れている。さらにロシア軍は、前線から市民が退避するための人道回廊にすら、攻撃を加えている。

われわれは、ロシア軍が戦争開始以降、兵士による市民への強姦、殺人、誘拐、拷問などを行っている実態を調査してきた。しかしこれは、ロシア政府の中枢と軍によって認められた、意図的な戦術なのだ。われわれは、ロシア軍がキーウ北方から撤退した際に、専門の調査チームを送った。彼らが見たものは、道路に散乱した住民の死体であり、自宅の庭で殺された人々だった。これらは、私たちだけでなく、各国のジャーナリストが目撃したことだ。同様の惨劇はイルピン、ブチャ、ボロディアンカなど各地で確認された。

さまざまな言語で、その惨劇の実態が報道されたことで、世界が衝撃を受けた。それに対し、ロシアはどのような対応をとったのだろうか？　プーチンは、ブチャを占領した部隊に対し、勲章を授与したのだ。これにより彼は再び〝殺人でも、強姦でも、拷問でも、何をしても構わない。私はあなたに、勲章を授与する〟と表明したのだ。
ロシアは、戦争犯罪を何十年にもわたって犯してきた。ロシア南部チェチェン共和国でも、旧ソ連ジョージアでも、アフリカのマリ、リビアでも、中東のシリアでもそうだ。しかし、彼らはそこでの行為に対し、ただの一度も、懲罰を受けたことがない。何十年にもわたって、彼らはそのような状況の中に置かれ、次第に〝自分たちは何をやっても許される〟と考えるようになった。この、不処罰の文化が、彼らの戦術と化していった。

私は人権問題を専門とする法律家であり、このような文化がどのようにして生まれ、旧ソ連とどのように関係があるのかといったことについては、決して詳しくはない。しかし、私の経験から言えるのは、小さな悪であっても、それを見過ごして長年放置すれば、巨大な悪になるということだ。プーチンは、ウクライナ南部クリミア半島を占領したときに、西側諸国がどのように反応するかをテストした。クリミアの占領を開始した際に正体不明の部隊が現地に現れ、プーチンは「彼らは、私たちの兵士ではない。彼らはロシア軍部隊ではない」と言ってのけた。そして、偽りの住民投票が実施された後にクリミアを併合し、その後に初めて「そうだ、あれはロシア軍の兵士だった。極めて優れた作戦だった」と認めたのだ。これに対し、ロシアに何が起きたのか？非常に弱い、効果のない制裁が行われただけだった。そしてプーチンは理解したのだ。「よし、もっとやれる」と。

また、被占領地帯に住むウクライナ人の子供をロシアに誘拐するという事象だが、これには異なる理由がある。しかし、その主要な目的は、ウクライナ人のアイデンティティを破壊するというものだ。彼らはまず、占領したウクライナの領土において、ウクライナ語の使用を禁じた。ウクライナの歴史教科書を奪い、現地の教師に対して、いわゆる〝ロシア基準〟の教育を行うよう命じた。ロシアは、これらの点に非常に強く注力している。ウクライナの子供を強制的にロシアに送り、そこで養子縁組させるという方針は、この戦術に深く組み込まれたものだ。

あるロシアの役人がこう言っていたのを思い出す。「最初は、子供たちはプーチン大統領を批判する。しかしのちには、〝正しいこと〟を言うようになる」と。つまり、彼らはウクライナの子供に対し、このような教育を行うということだ。彼らの考え方には、人間の尊厳とか、自由を享受する権利などというものは存在しない。残酷なのは、彼らはこのような措置をまさに、ロシア軍によって親を殺されたウクライナ人の子供に対して行っているということだ。

　象徴的な事例がある。ロシア軍により占領されたマリウポリで、ある父親と三人の子供がロシア軍による攻撃が続くなか、地下室で水も、電気も、暖房もないなか、じっと生活をしていた。しかし、限界となり、父親は子供たちの命を救うため地下室を出て、ロシアに行く決意をした。なぜならこのとき、ロシア軍はマリウポリからウクライナのほかの地域に住民が移動することを禁じていたからだ。しかし、父親はロシア軍による（住民とウクライナ軍の関係を調べる）〝選別施設〟で拘束され、拷問を受けた。そして三人の子供は、ロシアに養子縁組をするために送られた。この家族については、偶然にも父親が後でロシア軍から解放され、どういう方法だったのか詳細はわからないが、長男が父親に連絡を取ることができ、結果的に養子縁組される事態を免れたという。彼らは最終的に、ロシアの領土を離れることができた。ウクライナに戻れたのかはわからないが。

　ロシア人の多くは、ウクライナの一般市民が利用する施設を意図的にロシア軍が破壊しても、それを間違ったことだとは感じていない。電力施設を攻撃しても、数百万人のウクライナ人が水を飲めなくなっても、真冬に暖房が使えなくなっても、それは問題ないと考えている。繰り返しだが、彼らはどれほどひどいことをしても、許されるのだと考えている。

なぜ、大多数のロシア人が反戦に向けた行動を起こさないのか。それは、彼らが戦争を支持しているからだ。これは、事実としてそうだ。これはプーチンの戦争ではない。これは、現代においても依然として帝国主義であり続ける、ロシアという国家による戦争だ。彼らは、ソ連崩壊という歴史の教訓を学んでいない。

彼らはいまだに、スターリンが引き起こした（ウクライナの農村から穀物を没収して引き起こしたとされる人為的な飢饉である）ホロドモールと、その抑圧された時代に対し、良い印象を持っている。彼らは自分の子供に対し、スターリンは優れた指導者だったと教えている。これが、彼らの文化だ。

民主主義国家に住む人々は時折、私たちウクライナ人が主張する「プーチンは、誰かに食い止められない限り、侵略をやめることはない」という言葉の意味が理解できない。しかしここで明らかなのは、プーチンはロシア国民の望みをかなえているに過ぎないということだ。大多数のロシア人は、ロシアが〝復活した帝国〟として、栄光に包まれている光景を見たいと思っている。そしてこれが意味するのは、この戦争におけるウクライナの成功と、ロシアの敗北だけが、ロシア人に対し、民主主義的な将来をつかむチャンスを提供し得るということだ。

彼らは、戦争犯罪を行うことを隠しもしないし、あまりにも長い間、世界が彼らの行為を黙認してきてしまったがゆえに、自分たちは何をしても良いのだと思うようになっている。シリアで、ロシア軍がどれほど残虐な行為を行ってきたのか、忘れてはいけない。シリアでの化学兵器の使用に対し、彼らは何の罰も受けていないのだ。

ロシアに対し、法的な裁きを受けさせることは極めて困難で、いくつものハードルがあるだろう。ただ、法の支配の回復なくして、持続的な平和というものは達成できない。戦闘状態がないということだけが、平和を意味しない。

われわれはまず、占領されたウクライナの領土を解放しなくてはならない。ウクライナは、その地に住む自国民のために戦っているからだ。われわれに、「フローズン・コンフリクト（凍結された紛争）」は必要ない。八年前の停戦合意（ミンスク合意）の後、プーチンは何をしたか。彼は、さらに大規模な侵攻を行うための準備を着々と行ってきた。今回も同様だ。プーチンは仮に停戦しても、力をため込み、再びウクライナに攻撃してくるだろう。

プーチンや、（ベラルーシの大統領）ルカシェンコを法廷に引きずり出すことは、誰もが困難と思うだろう。しかし、私たちは考えることを止めてはならない。いかに、その可能性を広げることができるか。複合的な戦略を練り続けることが必要だ。

第二章　CHAPTER TWO

制裁下のモスクワへ

TO MOSCOW UNDER SANCTIONS

モスクワ郊外のシェレメチェボ空港を出ると、通りには、色とりどりの花が咲き香っていた。抜けるような青い空が広がって、日差しがまぶしかった。気温も暖かく、厚手の上着はもういらなかった。

厳しく、長い冬を終えて、木々が一斉に葉を茂らせる五月は、ロシアを訪れるには最良の時期だ。そのあまりに美しい景色を前にすると、この国が今、隣国に侵略戦争を仕掛け、世界中に大混乱を引き起こしているのだとは、夢にも思えなかった。

ウクライナ出張に五カ月ほど先立つ二〇二二年五月下旬、私は戦争を仕掛けた側のロシアに約二週間出張する機会を得た。二〇一八年一月にモスクワ特派員の任を終えてから、約四年半ぶりのロシア訪問だった。空港から市内に車で向かったが、郊外型のショッピングモールや外資系の自動車販売店などは以前と変わらず営業を続けていて、時には多くの客であふれていた。ロシアの首都であるモスクワの、ごく普通の景色だった。

しかし、人々の心の中は、四年前と同じ状況とは言い難かった。

「今はね、何もしゃべらないほうがいいのよ。何かをしゃべるには、あまりにも危険だわ」

アンナと名乗る二〇代の女性は、市内のある場所で、そう静かに切り出した。周囲に人がいないタイミングで、私は「この戦争についてどう思いますか」と尋ねた。人がいれば、本当の答えは得られないと感じたからだ。彼女は質問に少し戸惑った表情を見せたが、答えは率直だった。

「好きだったスターバックスも閉店してしまったわ。海外から来た品々は、手が届かないほど高くなってしまった。でもね、私は思うの。〝当然よね〟って」

彼女はロシアが侵略戦争を仕掛けている現状を、強く認識していた。その結果として、ロシアが欧米諸国から制裁を受けることも、やむを得ないと思っていたのだ。

ロシア国民の八割は戦争に賛成――こんな社会調査の結果が海外でも報じられていた。アンナのような人は、ロシアの人口全体から見れば決して多数派ではなかっただろう。しかし、ロシアが戦争を起こしている事実を冷静に認識し、その結果として受ける不利益を「やむを得ない」と考える人々は、確かにいた。

ただ彼女は「危険すぎる」と判断して、社会に対してもじっと「沈黙」していた。これはごく当たり前のことだった。戦争への反対姿勢を鮮明にし、開戦直後に路上でのデモなどの反対活動を行った人々には、残酷な仕打ちが待っていたからだ。この時点ですでに、ロシア国内では一万五〇〇〇人以上の人々が治安部隊の手で拘束されていた。

サンクトペテルブルクに住む私のロシア人の友人は、デモに参加したというだけの理由で、姪が「二週間以上留置場に入れられて、まだ出られていない」と明かしてくれた。

私が訪露した際は、モスクワ市内の中心部でも、地下鉄駅などを警備する警察官の姿はごくわずかだった。開戦直後は一駅あたりに何人もの警官が、入念な警備にあたっていたという。警官らを見かけても、彼らはリラックスしていた様子だった。しかしそれは、人々が反戦活動をあきらめ、多くはアンナのように〝沈黙〟し始めたことの表れであった。

戦争は同時に、多くの若者が戦地に向かうことを意味する。若者らの心は、その恐怖に強く苛まれていた。

〝普通の人〟には理解できない

スケートボードに没頭するモスクワの若者たち（イワンはここには映っていない）

モスクワ市内では、スケートボードで遊ぶ若者らが目立つ。ソ連時代に整備された公園の多くは、重厚感のある石畳で覆われ、スケートボードの技を磨く場としてはもってこいだ。グループで遊ぶ若者が多かったが、グループから離れてひとりで、大きな日本製のヘッドフォンで音楽を聴きながら無心に小技を繰り返す青年がいた。そっと近づいて、「日本から来ました」と挨拶をしてウクライナ侵攻への思いを聞くと、イワンと名乗る青年はヘッドフォンを外してこう即答した。

「絶対に反対だよ。何のためにこんなことをしているのか、〝普通の人々〟にはまったく理解ができない」

イワンはまだ一八歳だった。彼はこうも語った。

「僕は今日、進学のための試験を受けたんだ。もし受からなければ、戦争に行くことになるのかもしれない」

「ユーチューブで見たんだ。シベリアに住む兵士の母親が、〝うちの子は、だまされて戦争に連れていかれたんだ〟って叫んでいた。本物の戦争だって、知らされないまま戦地に送られたんだ」

取材当時、ロシアの男性には一八～二七歳の間に一年間、兵役につく義務があった（二〇二三年七月二五日、上限を三〇歳に引き上げる法令がロシア下院で可決された）。その義務を免れるには、大学に進学するか、政府機関に勤めるなどの理由が必要だ。まだわからない試験の結果を想像しながら、イワンは締め付けられるような気持ちだったに違いない。

私は「大丈夫だよ、必ず受かっているよ」と、根拠もなく彼を励ますのが精いっぱいだったが、「ありがとう」と笑顔を見せて再び彼はヘッドフォンをつけて、スケートボードに打ち込み始めた。

ただ、彼らのようにウクライナ侵攻に対する考えを素直に語ってくれる若者は、ごく少数だった。

私はモスクワの街中で、多くの人々に声をかけて回ったが、二〇～三〇代ほどの若者の多くは「ごめんなさい、その話題については、何も意見を言わないようにしているの」と言って断ったり、「一切、ノーコメントだ」と言って私をにらみつけたりして、答えてくれようとはしなかった。

政権が戦争を推進しているなか、その戦争に対する評価を海外メディアに対して発言することには、ためらいがあったに違いない。海外メディア相手ではなくても、戦争を評価するという行為自体が、はばかられる空気があった。

母国を脱出するため、航空券を求め長蛇の列

ロシア国内ではすでに、戦争反対の声を上げることは困難になっていた。そのようななか、ロシアの先行きに絶望的な気持ちになった若者らの多くがとった選択肢のひとつがある。国外脱出だ。

モスクワ市内で、車が行き交う大通り沿いに、早朝から何重にも曲がりくねった長

蛇の列をなす人々を見た。二〇二三年一二月現在も中東行きの路線を運航する、外資系航空会社のオフィスだ。市民のひとりは列を見つめて「ウクライナに侵攻した直後は、この何倍も人がいたよ」と教えてくれた。彼らは、航空券を買おうとしていたのだ。

列に並んでいた人のどれくらいが旅行やビジネス目的なのか、どれくらいが国外脱出目的だったのかはわからなかった。しかし、その一定数はウクライナに侵攻した現在の政権に嫌気がさし、ロシアから離れようとする人々であることは疑いようがなかった。

ウクライナ侵攻を受けてロシアで始まったのは、数十万人もの若者たちが国を去る動きだ。私の知人にも、そのような人が何人もいた。ビザなしで出国できる旧ソ連諸国を経由して、数カ月をかけてヨーロッパに脱出した人。あたかも旅行者のように、東南アジアに家族で滞在し続ける人。または脱出がかなわず、静かにモスクワで働く人——。その形はさまざまだったが、ロシアから逃げ出したいという気持ちは一致していた。

侵略国家の国民ではいたくない

「人間らしく生きていきたかったから、ロシアを去った。プロパガンダはロシア国民、そして私の隣人からも、理性を奪ってしまった」

「ロシアは今後、二〇年間は普通の世界の仲間入りはできないだろう。僕はまだ若い。二〇年間も、無駄に生きたくはない」

「私の子供たちには、開かれた世界で成長してほしかった。〝侵略国家の国民〟として、生きてほしくはなかった」

ロシア人の海外移住を支援する非営利団体「OK Russians」（二〇二三年八月時点でサイトは閉鎖）が、ロシアを脱出した若者らを対象に実施した調査を見ると、祖国であるはずのロシアに対する絶望的な気持ちであふれていた。

一体、どれくらいの人々がロシアを離れたのか。オンラインメディア「ノーバヤ・ガゼータ・ヨーロッパ」は二〇二二年五月に、同年一月から三カ月間で、ロシアを離れた国民の数が三八八万人にのぼったとの統計を報道した。これは、ビジネスや観光目的で国を出た人の数も含まれているので、単純に国外脱出者の数とみなすことはできない。ただ、ウクライナ侵攻への懸念がロシア国内で急激に高まっていた時期であり、一定の参考にはなる。

また、前出の「OK Russians」は三月中旬に、ウクライナ侵攻を理由に国を去ったロシア人約二〇〇〇人を対象にオンライン調査を実施した。その結果、その期間に少なくとも三〇万人のロシア人が国を脱出したとの推計を発表した。

衝撃的だったのは、脱出した人々の特性だ。脱出者の五七％が三四歳以下の若者で、さらに職種では、全体の三分の一がＩＴ関連人材であることがわかった。それ以外の人々も、企業経営者や医師、コンサルタント、デザイナーなど、いわゆる頭脳産業に従事する人々が集まっていた。出国者のうち「一時的な出国」とする回答は全体の一二％にとどまり、「帰国しない」が二七％、「長期間離れる」が四一％と、大多数がロシアに事実上、戻らない決意を固めていた。

本音を隠し、ロシアにとどまる

ただ、多くのロシア人の若者らにとって、国外脱出は決して容易な決断ではなかったに違いない。

ウクライナ侵攻を受けた欧米諸国による経済制裁により、ロシアから海外に向かう国際便の数は激減した。ロシアでは、侵攻前は一日あたり約二二〇〇便あった国際便は、侵攻直後の二〇二二年三月上旬には約九〇便に減少した。航空券の価格は高騰し、私財を投げうってチケットを手に入れても、突然の飛行キャンセルで出発できないケースもあった。脱出した人々に、高所得者や子供を持たない若者らが多いのは、これらの問題をクリアできる財力があったためだ。中には、自分の子供が将来徴兵される事態を懸念して、親が子供だけを国外に脱出させたケースも報告されている。

私の知人にも、国外脱出を目指したものの「お金がない。どうしても出国できない」との理由で、やむなくロシアにとどまった人もいた。そのような人々は、本音を包み隠しながら、ロシア国内での生活を続けているのが実態だ。さらに、脱出できたとしても、海外で長期間生活できる十分な財産を持っているとは限らず、職が見つからなければ、帰国を余儀なくされる可能性もある。

しかし、国外脱出者や、政権に批判的な行動をとる自国民に対し、プーチン大統領は極めて冷酷な対応をとった。侵攻開始から約三週間後の二〇二二年三月一六日には、プーチン大統領は政権幹部に対しこう語ってみせた。

「（西側は）当然、いわゆる第五列、つまり、裏切り者たちに期待をかけているのだろう」

「ロシア人は、常に本当の愛国者と裏切り者を峻別することができる。そのような者たちは、口に偶然飛び込んできたコバエのように、吐き出してやればいい」

「（彼らの）目的はただひとつ。ロシアの破壊だ」

「（裏切り者の海外脱出は）ごく自然なことであり、社会の浄化には必要なことだ。その結果として国家は強化され、人々はさらに団結し、あらゆる挑戦に対する準備が整えられるに違いない」

第五列とは、自国にいながら敵に通ずるとされる〝裏切り者〟のことを指す。プーチン大統領はここで明確に、たとえロシア国民であっても、欧米諸国に共鳴する者らは裏切り者だとし、徹底的に排除する姿勢を鮮明にした。

さらに〝ハエ〟などと最も侮蔑的な言葉を使って彼らを形容し、叩き潰す考えすら示唆した。自国民に対し、このような発言をする最高指導者の姿勢に、ウクライナ侵攻を少しでも批判的な視線でとらえていたロシア人は、絶望的な思いを抱いただろう。

プーチン大統領はハエという表現を、ウクライナ南部マリウポリでロシア軍に徹底抗戦していた軍事組織「アゾフ大隊」にも使っていた。そのようなレッテルを貼られることがどのような意味を持つか、ロシア国民は正しく理解していたに違いない。

開戦当初、私にはひとつの疑問があった。ロシア政府がなぜ、このような若者たちの国外脱出の動きを強く阻止しなかったのかということだ。隣国ジョージアとの国境で検査を強化したという話は耳に入ったが、モスクワ市内で航空会社のオフィスの前で人々が列をなすという行為は、明らかに政権には目障りだったに違いない。

この疑問に対しては、前出のプーチン大統領の発言がほぼ答えを出した。プーチン大統領は反体制派、また積極的な反政権活動をしていなくとも、国外脱出をしてまでロシアを離れようとする国民については、むしろ国外に退去してもらった方が、その後の国内を統制しやすいと考えていたと推察される。

もちろんこれは、海外でも仕事を得られるほど有能な自国民の頭脳流出が起きるという点で、ロシア経済には大きなマイナスであることは間違いない。ただ、中長期的な国内産業の発展と、目前の戦争勝利のための国内の引き締めのどちらを選ぶかで、プーチン大統領は間違いなく後者を選んでいた。こうして、戦争に疑問を持つ若者たちの声はさらに弱くなっていった。

地方とモスクワで最大一〇〇倍近い死亡率の差

戦争に反対するモスクワの若者らの思いは、厳しく抑圧されていた。しかし、開戦から約四カ月という短期間ですでに、市内の反戦ムードが沈静化した背景には、もうひとつの理由があった。それは、ウクライナの前線に送られる兵士らが、圧倒的に地方に偏っていたという現実だ。

「三人もの子供がいた私のお父さんがなぜ、戦争に連れていかれて、死んでしまったのか理解ができない。だって、子供がいる家庭の父親は、動員されないって説明していたじゃない」

ロシア極東のブリヤート共和国の寒村、ウスチ・バルグジンから二〇二二年九月二二日に出征し、一一月に戦死したドミトリー・シドロバ（享年四六歳）の娘、エレーナは地元メディアにそう訴えた。彼女の家族は、途方に暮れたに違いない。しかし、ブリヤート共和国では、このような理不尽な状況に追い込まれた家族があちこちに現れ始めていた。

ブリヤート共和国は、バイカル湖の東岸に位置するロシア国内の共和国で、モンゴル系のチベット仏教徒らが多く住む場所としても知られる。しかし、ウクライナ侵攻開始以降、同共和国はロシア軍の戦死者に占める割合が最も高い地域のひとつとして知られるようになっていった。

ロシアの独立系ニュースサイト「メディアゾーナ」や、イギリスBBCのロシア語版サイトなどが共同で実施した調査によれば、二〇二二年一〇月二一日時点で、ブリヤート共和国からウクライナ戦争に参加して死亡した兵士数は三〇五人にのぼった。ロシアが併合したクリミア半島に隣接するクラスノダール地方や南部のダゲスタン共和国に次ぐ多さだった。

若年層の、人口一万人あたりに占める戦死者の割合でいえば、ブリヤート共和国は二八・四人でロシア全土で首位となり、続いてブリヤート共和国の西にあり、テュルク系のチベット仏教徒が多いトゥバ共和国（二七・七人）などとなった。上位のほとんどは、少数民族が多く住むロシアの地方が占めていた。

これに対し、首都モスクワの人口一万人あたりに占める戦死者の割合はわずか〇・三人で、モスクワ州全体でも一・七人だった。ロシア第二の都市であるサンクトペテルブルクも一・四人で、モスクワとブリヤート共和国の死亡率は、実に一〇〇倍近い差がある。

第一章で紹介した、ブチャに駐留していたロシア軍の兵士らも、ブリヤート共和国やチェチェン共和国から来ていたことがわかっている。バハというまだ二〇歳の若年兵士は、「ウクライナに来なければ、殺されていた」と語っていた。彼もその名前から、少数民族の出身だと推察される。メディアなどの目が届かない辺境の地で、無理な動員が行われている実態が浮かび上がる。

広大なロシアの国土の辺境にある地方都市は、経済的にも大都市の住民より困窮しており、当局による動員を避けることは容易ではない。さらに、これらの地方自治体には、中央政府から派遣された元官僚などがトップに座り、中央政府に忠誠心を見せることで昇進を狙う動きもあるとされ、動員が苛烈になるとの指摘もある。いずれにせよ、地方の若者を取り巻く環境との〝差〟をつけることで、モスクワ市民の不満のガス抜きがなされている側面が否めない。

プーチン支持の声を上げる高齢者たち

徴兵という形で戦争に直接巻き込まれる可能性がある若年層は、ウクライナ侵攻への不安を強く感じていた。しかし、モスクワの街中で人々の意見を聞くと、むしろ声を大にして侵攻への支持を訴える世代があった。四〇代以上の中・高年層の人々だ。

「私は戦争に反対で、プーチン大統領を支持する。なぜならプーチン大統領は、戦争には反対だからだ！」

新緑が美しいモスクワ市内の公園で、娘とともに散策していたナターリアと名乗る六〇代前後の女性は、「この戦争についてどう思いますか？」との私の質問に、怒気を含んだ声でそう答えた。娘も、「まったく、その通りだ」という表情で母親にあいづちを打っていた。

ノートを手に彼女の説明を書きとろうとする私に、彼女は勢い込んで語った。

「わかっているのかい。二〇一四年（ロシアがクリミアを併合し、ウクライナ東部で紛争が激化した年）からね、プーチン大統領は誰も侮辱してこなかった。しかしウ

モスクワ市内の中高年者たち。彼らはプーチン大統領支持の傾向が強い

クライナの特務機関には、どこにでも〝ナチス〟が侵入している」

ナターリアは、元警察官だという。職業柄でも、もともと政権寄りという部分はあっただろうが、彼女の意見はほかの同世代の人々とそう大きく変わってはいなかった。

彼女はさらに続けた。

「欧米はロシアの政権を交代させたいのだろうが、そのようなことは決して起きない。大統領は、これだけ支持されている。ロシアは今、〝生き抜く〟ための戦いをしているんだ」

彼女は、戦争行為に賛成しているのではないという。しかし、ロシアが生き延びるために〝やむなく〟戦争に打って出たプーチン大統領を支持するというのだ。さらに、ロシアが戦っている相手であるウクライナ軍は、ナチスと同類だという。

このような論理の組み立てで、彼女の心には「戦争には反対」しつつ、戦争をしたくないが、ロシアを守るために〝やむなく立ち上がった〟「プーチン大統領を支持する」という、現実的には大きく矛盾したふたつの事柄が併存していた。

「これを見れば、あなたも真実がわかる」

私がさらに強い印象を受けたのは、彼女がインターネット経由で情報を集めていた事実だった。

日本を含め西側諸国では〝ロシアの高齢者は、国営テレビを見続けているから、政権寄りの考えを持つようになる。若い人はユーチューブなどインターネット上で情報を収集するため、より西側に近い、リベラルな考えになる〟という説明がよくなされる。これは決して間違ってはいないが、現実には高齢者もまた、インターネットから情報を収集している。

ナターリアはさらに、「これを見なさい。あなたも、本当のことがよくわかるはずだ」といって、私のノートに、あるユーチューブ番組のタイトルを書き込んだ。

番組名は「ベソゴンTV」。どんな番組かと思って後で見てみると、「太陽に灼かれて」などの作品で日本でも知られるロシア人映画監督、ニキータ・ミハルコフがホストを務めていた。ミハルコフはソ連崩壊直後にはスターリン体制を批判する作品を作り、海外でも注目されたが、その後は次第にプーチン政権寄りの姿勢を強めていった人物だ。

ベソゴンTVを視聴すると、ミハルコフはやはり、「ウクライナが東部住民に攻撃を仕掛けようとしていた事実を、ロシア軍の特殊部隊は間違いなく察知していた」などと、プーチン政権の主張に沿った話を展開していた。しかし番組全体では、例えばイギリスの歴史家、アーノルド・トインビーの言葉を用いて番組を進行するなど、単に〝ロシア寄り〟ではない視点であることを強調していた。世界の歴史を踏まえた、国際的な視野で語っているという印象を与えていた。

インターネット上には、政権支持者が好む、ロシア政府の主張に沿った番組があふれているのも事実だ。それらの情報もまた、どこにいてもスマートフォンからアクセスすることができる。政権寄りの考えを持つ人々は、自分の考えに沿う情報を、インターネット上からいくらでも集めることができるのが実態だった。

「そこにあるナチズム」

なぜ、多くのロシア人がプーチン大統領の言うことを信じて、ウクライナ人を〝ナチス〟だと言ってはばからないのか。ソ連時代は同じ国の国民で、多くの人が相手国に親類がいる。そのような間柄で、なぜそのような考えに至るのか。日本人の私には、理解しようとしても、どうしても不可解に感じられてならなかった。

そのような疑問を抱いて取材を進めるなか、ロシアに滞在する日本人のビジネスマンから「これを見ると、ロシア人がなぜそのような考えに至ったのか、よくわかると思う」とアドバイスされ、五月下旬にモスクワ市内で開催されていた、ある展示会を訪れた。

場所は、市の西部にある「戦勝記念公園」にある博物館だった。地下鉄駅からタクシーに乗り換え、公園を訪れると、壮麗な噴水の先には天を突くような巨大なモニュメントがそびえていた。

この博物館は、普段は第二次世界大戦におけるソ連軍のナチス・ドイツ軍への勝利をたたえる内容の展示を行っている。その目的は「歴史の真実を守る」ことだという。チケットを買って中に入ると、多くの小学生らの姿が目に入った。引率していた教師に聞くと、新型コロナウイルス禍の行動規制がなくなり、政府が補助金を出して地方から子供たちを招いていたのだという。「こんなに小さな子供たちが、ソ連の〝栄光〟を学ばされているのか」と、無邪気に古い戦車の展示の周辺で騒ぎ立てる小学生を見て、複雑な思いに駆られた。

常設展示を行う巨大な部屋の奥に、特別展を行うための小規模な展示会場があった。掲げられたタイトルは「そこにあるナチズム」。入口には、ワイシャツ姿の普通の男性が立っているこ ともあれば、なぜか防弾チョッキを着た治安機関員の女性が立っていることもあった。緊張感が漂っている事実は、覆い隠しようがなかった。中には、年齢層もさまざまな多くの人が来場していた。

「取らざるを得なかった手段」と題した入口のパネルには、ウクライナ東部の住民がロシア軍兵士らを歓迎している写真が何枚も添えられ、こう書かれていた。

「二〇二二年二月二四日、ロシアは特別軍事作戦を開始しました。その目的はウクライナの〝非軍事化と非ナチス化〟にあります」

「プーチン大統領は作戦の目的についてこう語っています。〝キエフ（キーウ）の政権によって八年間にわたり嘲りを受け、集団虐殺の危機にさらされてきた（ウクライナ東部の）人々を救うためだ〟と」

「八年間」とは、ウクライナ東部での紛争が始まった二〇一四年から、二〇二二年までの期間を指していた。〝ウクライナ東部に住むロシア系住民が、ウクライナ政府により非道な扱いを受け続けてきた。その住民を救うことこそが、この特別軍事作戦の目的だ――〟。この主張こそが、プーチン政権が自国内でウクライナ侵攻を正当化する、最大の根拠になっていた。

八年間続く東部紛争

東部紛争とはどのようなものだったのか。その始まりは、プーチン大統領がクリミア併合を宣言した直後の二〇一四年四月初旬にまでさかのぼる。ロシアとの国境に接するウクライナ東部のドンバス地方では、「親ロシア派武装勢力」と呼ばれる身元不詳の武装集団らがドネツク州などの行政庁舎を次々と占拠し、それを排除しようとしたウクライナ政府軍との間で、戦闘が激化していった。親ロシア派武装勢力は五月には、東部のドネツク、ルハンシク両州で「独立」をめぐる住民投票を実施するなど、両州をウクライナから引き離そうとする動きを強めていった。

激しい戦闘が続いていたが、当初は親ロシア派の勢いは弱く、ウクライナ政府軍が制圧するとの見方が強まっていた。しかし八月、今度は親ロシア派が大規模な反転攻勢に打って出る。親ロシア派は突然、ロシア軍も装備する戦車などで高度に武装してウクライナ軍を撃破していった。この時点で、ロシア軍が実質的に親ロシア派を支援していることは疑いようがなくなっていたが、ロシア側はあくまでも「ウクライナの住民が蜂起した」との主張を曲げなかった。

二〇一五年二月にはようやく、ベラルーシの首都ミンスクでウクライナ、ドイツ、フランス、ロシアの首脳が和平合意をまとめたが、実際にはその後も戦闘は繰り返された。そのような状況が八年間も続いていたのだ。

私がモスクワ特派員を務めていた二〇一四年以降、ロシアの国営メディアでは、「東部住民がウクライナ政府により抑圧されている」との報道が繰り返し行われてきた。実際に国土を侵略されたのはウクライナ側だったが、双方の戦闘が激化すれば現地に住む民間人が巻き込まれるのは必然だった。ロシア国内では、あくまでも〝東部ではウクライナ国民が政権に反旗を翻して蜂起した〟との立場で物事が語られており、ウクライナ軍は〝自国民を攻撃する非道な軍隊であり、ナチスと同等〟と位置付けられた。

「そこにあるナチズム」展では、住民が戦闘に巻き込まれた凄惨な写真や彼らの遺品、さらにロシアが「ナチス思想を持っている」と主張するウクライナの軍事組織「アゾフ大隊」の旗や資料などが置かれていた。展示ではまた、ウクライナ国内の一部の勢力が第二次世界大戦中に「ナチス・ドイツに協力した」と指摘し、それ以降、ウクライナにはナチズムが浸透したと主張。そして二〇一四年には、〝ナチス〟の影響下にある政権が登場し、東部住民が厳しい抑圧にさらされることになった——というストーリーが展開されていた。

展示会場には、戦闘に巻き込まれた公園のブランコが置かれ、天井からは、子供が亡くなったことを思わせる、小さな天使の紙細工がいくつも吊り下げられていた。〝ウクライナ軍の非道さ〟を繰り返し強調する内容だった。

展示場を出て、ベンチに座っている女性に声をかけた。モスクワの南東にあるリャザン市から児童らを引率して来たという、小学校の先生だった。

「本当に、あの展示のようなことが起きているのでしょうか」と尋ねると、彼女は痛切な表情を浮かべ、私に言った。「見ていて、本当につらいです。私たちには第二次世界大戦の記憶があります。あのころを繰り返しているような気持ちになるのです。子供たちには、まだわからないでしょうが」

そして神妙な表情を浮かべつつ、こう断

「そこにあるナチズム展」で展示されていた、小さな天使の紙細工

言した。

「ウクライナにはナチズムが広がっています。彼らは第二次世界大戦以降、ずっとナチスだったのです」

不可思議な男

私は一九九〇年代にモスクワの大学で約一一カ月間、ロシア語の語学研修を受けた経験を持つ。その大学に通っていたロシア人の学部生らとは、今も友人関係にある。ソ連崩壊後の経済混乱や、プーチン政権の抑圧的な政策に嫌気が差した大半の友人らは、今回の侵攻のはるか以前にロシアを離れ、ヨーロッパで結婚生活を送ったり、ビジネスを営んだりしているが、ロシアにとどまり続けてビジネスを営む友人もいる。

いったい、彼は今回の事態をどう思っているのか。どうしても知りたく、コンタクトをとると、急な申し出にもかかわらず、時間を割いて私の宿舎近くのレストランまで来てくれた。

「急な話なのに悪いな。時間を割いてくれてありがとう！」となつかしさも込めて声をかけたが、彼はひとりでは来なかった。私には面識がない、同年代の男とふたりで来たのだ。

レストランの二階に席をとった。挨拶をすると、男性は「軍事ジャーナリストへのコンサルティング業」を営んでいると明かした。「本当に、そんな仕事があるのか？」という思いに駆られたが、友人は現在の戦争をめぐる状況を正確に伝えたいと思い、その男性を連れて来たのだという。友人がプーチン政権を強く支持している事実は知っていた。しかし、その男性の話の内容は、私の想像を超えた陰謀論の数々だった。

男性はこう切り出した。「知っているかい。（住民が虐殺されたウクライナ北部）ブチャの映像はね、いわば〝ポルノ〟なんだよ。すべて、作り話なんだ」

愕然とした思いに駆られた私をよそに、彼は言葉を続けた。「ブチャの映像は、ロシア側の占領地ではなかった場所で撮影されたものなんだ。ウクライナでは、アメリカの専門組織が活動している。いわば、情報戦の専門部隊だ。（ブチャの映像など）すべての情報の拡散を計画、実行している」

「（イギリスを拠点とする、インターネット上の軍事情報分析を手掛ける民間組織）ベリングキャッツーなどもそうだ。彼らは、四つの戦略で情報拡散の戦略を構築している。それはつまり、対ロシア、ウクライナ、ヨーロッパ、その他の国々の、四種類だ」

慣れた口調で話し続ける男性に続いて、友人が「私にも言わせてくれ」と言わんばかりに、口を挟んできた。

「ロシア軍の戦車にZ（ゼット）マークが描かれているのは知っているだろう。ある時、Zマークを付けた戦車がウクライナの街の通りを撃ったんだ。しかし、その戦車には海外のジャーナリストらが乗っていて、彼らはそこで写真を撮っていったんだ」

ウクライナ側が、ロシア軍の戦車を偽装して街中を攻撃して、その様子をあえて撮影することで、フェイクニュースを作っているとの主張だった。私は日本、またヨーロッパのメディア機関でも勤務した経験を持つが、そんなことが起きることは一〇〇％あり得ない。聞くに堪えない内容だったが、男性は話を続けた。「（アメリカの富豪が創設した）ソロス財団や、アメリカ政府の傘下にある財団が、背後にいる。ロイター通信や、（ロシアに批判的な主張を展開する）メデューザ、エホ・モスクブイ（モスクワのこだま）もそうだ」と断じてみせた。

友人が再び口を開いた。「ウクライナ人は、例えば近隣で火事が起きても、〝私の家は離れているから大丈夫〟と考える（火災にあった隣人を助けようとはしない）メンタリティを持っている。つまり、ウクライナ中部、西部の人間は、東部のことは何も考えない。これに対し、ロシア人はすべて、ウクライナ人の親戚がいる。日本なら、東京と大阪程度の違いしかない」。ウクライナ人に対する、激しい憎悪が感じられた。

彼は、自分の私財を使って繰り返し、ウクライナ東部に支援物資を送っていた。その活動において、ウクライナ軍のロケット砲が自分の車のすぐ近くに着弾した経験も教えてくれた。彼が義憤に駆られる気持ちはわかったが、それ以前に「外国」の土地であるウクライナ東部に入るという行為に何ら問題を感じていないことに、困惑せざるを得なかった。

友人は続けた。

「ウクライナは今、ソ連時代の記念碑をどんどん取り壊している。ロシア正教の教会すら破壊しようとしている。これは、常軌を逸した行為だ。なぜ、第二次世界大戦で、ロシア人がウクライナにまで行って戦ったのか。これは、ユーゴスラビアが置かれた状況と似ている」

ユーゴスラビアが置かれた状況というのは、おそらく、今日の旧ユーゴスラビア構成国の多くで、ナチス・ドイツから同地を解放したチトーのユーゴスラビア時代が否定的にとらえられ、その時代の記念碑などの遺棄・解体が進んでいることを指していると思われる。

私はあくまでも、記者として彼らの意見を聞くためにここにいた。自分の意見を言うためではない。戦争当事国に行って、一般市民に対して〝敵国〟の立場に立つような発言をすることは、あまりにも無意味だからだ。

ただ、ウクライナ国民が置かれた惨状について彼がどう思うのか、これだけは友人として聞いておきたかった。

私は、「ひとつだけ教えてほしい」と言って、尋ねた。「東部でどういう経緯があるにせよ、ロシア軍が全面侵攻したことで、一〇〇〇万人のウクライナ人が避難民になって故郷を追われた。彼らの多くは財産を失い、仕事を失い、家族も失った。これは、正当化できるのかい？」

友人は一瞬、険しい表情を見せたが、すぐに話を続けた。「いや、戦争前から、すでに膨大な数のウクライナ人がロシアに逃げてきていて、ロシアは彼らを受け入れていた。そのような行いがなければ、事態ははるかに悪化していたはずだ」

彼は続けた。「ウクライナをロシアと完全に離別させることは簡単なことだ。ウクライナに、ナショナリストの部隊を作ればいいだけだ。それは、簡単なことだ。ステパン・バンデラがやっていたことだからだ」

ステパン・バンデラ（一九〇九～五九年）とは、第二次世界大戦期間中から一九五〇年代まで、対ソ連のパルチザン闘争を行った「ウクライナ蜂起軍」の指導者のことだ。バンデラは一時期、ナチス・ドイツと協力関係にあったとされる一方、現在のウクライナではウクライナの独立を目指した人物として再評価を受けている。ロシア政府は、このバンデラを引き合いに、「ウクライナの現政権はナチズム」との主張を繰り返している。

友人はここで、私にスマートフォンの動画を見せた。ウクライナ人の子供たちが、バンデラを賛美する歌を歌っている内容だと説明を受けた。ただ彼の説明は、どうしても結論ありきの、極端な内容だと感じられてならなかった。

時間は瞬く間に過ぎた。用意された食事にも、ほとんど手を付けられなかった。私は別れ際に「ふたりはどこで知り合ったんだい」と聞くと、「いつも行っている、ロシア正教の教会で出会ったんだよ」と友人は答えた。

友人が、熱心なロシア正教の信者であることは知っていたが、ふたりの関係は、どこかいびつに感じられてならなかった。率直に言って友人は、この男性に洗脳されているようにすら感じられた。

ロシアの教会は、特務機関員の活動拠点として利用されていると、専門家から言われたことがある。男性はやはり、特務機関員だったのではないか。そのような疑問が拭えなかった。

ただいずれにせよ、ロシアのウクライナ侵攻は、私と三〇年来の友人との間に、埋め難い溝を生みだしたことは間違いなかった。

「ウクライナはナチス」と信じる心理

ウクライナを率いるゼレンスキー大統領は、ユダヤ系である。ナチス・ドイツのホロコーストに最も苦しめられたユダヤ系をリーダーとする国とその国民を〝ナチス〟と呼び、さらに全面侵攻を仕掛けるプーチン大統領らロシア指導部の言動は、国際社会ではとても受け入れられるものではない。

前章で紹介したウクライナのＮＧＯ「ディテクター・メディア」のクセーニア・イ

リュークによれば、ウクライナを「ナチス」と批判するロシア国内向けの論理は国際社会には十分には受け入れられなかったため、ロシア政府はその後、ウクライナを「ナチス」よりも、「テロリスト」と非難する戦術に切り替えているという。論拠として薄弱であることを、ロシア当局が暗に認めている格好だ。

ただ、それでもこの主張が一定程度、ロシア国内、またウクライナ東部で機能していた事実を見逃すことはできない。

ウクライナ人がナチス――という論法をロシアが展開した背景には、何があるのか。それは、前述したバンデラのような人物がウクライナ西部を中心に高く評価されている点や、そのような現実がウクライナ東西の対立を引き起こしている実態がある、といったウクライナ国内の事情だけではない。ロシア国内では、第二次世界大戦でのナチス・ドイツとの戦いの悲惨な記憶が繰り返し強調され、〝ナチス〟という言葉に国民の多くが敏感に反応するほど意識が掻き立てられている。その心理を、ロシア当局は巧みに突いている。

第二次世界大戦でナチス・ドイツと戦った旧ソ連は軍人、民間人を合わせて約二六〇〇万人もの死者を出したとされる。ロシアのあらゆる家庭において、第二次世

モスクワ市内のそこかしこに、対独戦勝記念日のポスター掲げられていた

界大戦により自分の祖先やその周辺で家族や友人を失っている。一方でロシア政府は、そのナチスと悲惨な戦争を行い、かつ勝利したという記憶を、国威発揚の手段として最大限に利用し続けている。

その最たるものが五月九日の「戦勝記念日」だ。ソ連がナチス・ドイツに勝利したことを祝う日で、ロシアで最も重要な祝日として位置付けられる。五月九日には、恒例の大規模軍事パレードがモスクワ市内で行われ、赤の広場ではプーチン大統領ら政権幹部らが一堂に出席して記念式典が行われる。二〇〇五年の戦勝六〇周年では、アメリカや日本、ヨーロッパ各国の首脳が一堂に集まるなど、国際的な行事としても認知されていた。

五月九日にはさらに、独ソ戦で犠牲になった家族や親類の写真を掲げて住民が行進する「不滅の連隊」と呼ばれる行事も実施される。この行事には、近年はプーチン大統領も一般市民とともに参加するようになっており、政権がいかに重要な行事ととらえていたかがわかる。学校などでも、このナチス・ドイツに対する戦勝の記憶は繰り返し教えられている。

そのようなロシア人にとり、〝ナチス〟という言葉がウクライナを否定的にとらえる上でいかに重要な役割を担うかは想像に難くない。ナチスという言葉を全面に出すロシアの戦略は、開戦当初は特に、多くのロシア国民を反ウクライナに仕向けるのに十分な役割を果たした。

〝死んだ子供の肉〟をレストランで？

ウクライナ人を「彼らはずっと、ナチズムだった」とロシアの小学校教員が真顔で語ったように、多くのロシア人との会話の中で感じたのは、ウクライナ人に対する差別意識ともいえるゆがんだ認識だった。そのような認識は、時に荒唐無稽としか言いようがないデマをロシア人に信じ込ませていた。

「ウクライナでは〝死んだロシア人の子供の肉〟っていう料理が、レストランで出されていたんだよ。テレビで見たから間違いない。本当に恐ろしい話だ……」

モスクワの日本企業で社用車を運転しているという七〇代のロシア人男性は、私が「ウクライナとの戦争について調べている」と説明すると、神妙な表情で語ってきた。彼は本当に、その話を疑問にも思っていない様子だった。

彼の発言に根拠があるかを知人のロシア人の手も借りて入念に調べたが、何も見つからなかった。仮に男性が本当にテレビで見たのだとしても、その後インターネットのニュースにすらならない根拠のない情報だったということだ。そのような料理がまともに提供されるはずもなければ、一般の人々が受け入れる理由もない。

ロシアでは大衆紙やインターネット上で、ウクライナに対する理解に苦しむ批判が飛び交っているが、特にウクライナ人が非人道的であると強調する内容が多い。戦時中、敵国の市民を人間扱いせずに〝鬼畜〟などとのイメージを刷り込むことは常に行われるが、多くのロシアの人々も、そのような情報に繰り返し触れるなか、次第に信じ込むようになっていると感じられた。それがまた、今回の戦争を多くのロシア人が実際に支持することの理由になっていた。

すべての始まりは貧困の一九九〇年代

現在のウクライナは、欧米の傀儡国家である。そのウクライナは今、ナチスと同じ道を歩み始めている――。

プーチン大統領が主張するこのようなウクライナ像は、国際社会だけでなく、本来はウクライナ人と接する機会を持つ多くのロシア人にとっても、理解し難いものであるに違いない。

しかし、そのような主張が実際に多数のロシア人に受け入れられ、さらに年齢が高い層を中心に、国民の大多数が政権による軍事作戦を支持している。この事実は、ソ連崩壊からロシア人が置かれてきた社会の状況と、その変遷を見ると、理解ができると感じている。

私はソ連崩壊から約四年後の一九九五年八月にロシアに渡り、現地の大学で約一一カ月間の語学研修に参加する機会を得た。新聞記者になって以降も繰り返しロシアを訪れ、現地の実情を見る機会があった。現在も少なくない友人、知人がいる。

彼らが約三〇年にわたりどのような人生を歩んできたかをつぶさに見れば、ロシアによるウクライナへの全面侵攻が起きたことも「決して不思議なことではない」と感じている。なぜそう感じるか。当時の状況を少し紹介させていただきたい。

真冬に立ち並ぶ老人たち

一九九五年のモスクワの冬は、高校時代に地理の授業で習ったとおりの極寒の世界だった。一〇月ごろから気温が急激に下がり始め、一二月にはマイナス二〇度ほどまで下がった。大学の窓から見える、モスクワの中心部から北西部をつなぐレニングラード大通りを見ると、そこは常に雪景色だった。

しかし、それは多くの市民が現在のモスクワのように暖かい家やオフィスにいて、仕事や生活をしていることを意味してはいない。

「お兄さん、このブドウ買わないかい。〝氷菓子〟にはなっていないよ」

「黒パンはどうだい。安くしておくよ」

「キャベツならうちだって売っているよ。買っておくれ」

大学から最寄りのベラルースキー駅に向かう途中には常に、極寒のなか、何十メートルにもわたって立ち並び、道端で物を売る老人たちの姿があった。

風よけもなければ、椅子があるわけでもない。吹き曝しのなか、薄汚れた分厚いコートや帽子をかぶり、お世辞にもきれいとは言えない袋に入れてきた、いつ売れるかもわからない〝商品〟を両手に持って、道行く人々に声をかけていた。中には、家財道具や、どこから仕入れてきたのかまったく不明の家電のリモコンやコンセントなどを

1990年代、雪が降り積もるモスクワのベラルースキー駅

売る人もいた。

彼らがこのような〝商売〟をせざるを得ない理由は明白だ。年金がもらえないか、もらっても生活できるレベルではなかったためである。ソ連時代は、曲がりなりにも食べることには困らない程度の年金が支給されていたが、ソ連が崩壊すると、その社会保障システムも大混乱に陥った。年金の支給は遅滞が続き、仮に支払われたとしても、急激なインフレでその価値は消えた。最低限の生活を賄うこともできない年金額を前に、彼らは極寒の中でも、わずかな収入を求めて路上で物を売るほかなかった。公務員や、教員といった職業でも事態は同様だった。私には、忘れ得ない光景があった。

「私は、あなたを三日間待ち続けたのです。あなたは私に、ウソをついたのですね」大学のすぐ近くの路上で、私を見つめる五〇代前後の女性の目は、怒りに震えていた。それには、このような経緯があった。

大学から寮に戻る途中、外国人留学生とみた私に声をかけてきた女性がいた。旧ソ連グルジア（ジョージア）出身という彼女は、ある大学で理工学の教授だったが、職を失ったという。彼女は私に「あなたの国の大学で、職を得られないか」と唐突に持ち掛けてきたのだ。

私自身もあまりに軽率だったが、「何かないか、探してみます。明日また、ご返事します」と、人助けのような思いで答えてしまったのである。

ソ連時代、学校教員や病院の医師などは、社会から尊敬される仕事だった。国家の発展に尽くすという意味でも当然だった。しかし、ソ連崩壊は前述の年金受給者と同様に、公務員の生活も奈落の底に落とした。外国の学生に、職を紹介してもらおうなどという考えは非常識極まりないが、それほど必死だったのだろう。

ただ、私はすぐに、自分の言葉があまりに軽はずみだったことに気が付いた。グルジアという国が当時、ソ連崩壊に伴い大きな混乱に陥っていたこともあり、「これ以上、関わらない方がいい」とアドバイスしてくれた先輩もいた。そのため私は、彼女と出会った道を通ることをやめたが、三日後、再び同じ道を通ると、そこに彼女は待っていたのである。

私が「すみません。私はただの学生なので、何もできません」というと、彼女は私を激しく非難しながら「I understand, I understand!（わかった、わかったわ！）」と英語で言って立ち去った。どれほどの思いをもって、そこに立ち続けていたのかを考えると、今でも申し訳ないという思いに駆られる。

正確性を欠いた判断と行動は、ちょっとした親切心から出たものであっても、当時のロシアの市民には何の助けにもならないほど、彼らの生活を取り巻く状況は悪化していた。

道路で、うつぶせで突っ伏している老人の姿も何度か見た。何が理由かは知らないが、おそらく息絶えていたのだろう。ただ、誰かが助けるわけでもなく、社会が殺伐としている状況だけは見て取れた。

目立つ服装で街中を歩くことも厳禁で、外貨を持っている外国人の学生であればなおさらだった。親が大手商社に勤めていた

1990 年代のモスクワ市内。道端の露店に並ぶ人々

日本人学生が、現地でできた友人の家を訪問すると、相手の親に「今すぐ、父親に連絡をして私の会社と契約させせろ！」と言って友人宅で監禁されたなどというエピソードも耳にした。曲がりなりにも社会の統制がきいていたソ連時代には、考えられない出来事だったに違いない。

警察官などによる賄賂の要求も深刻だった。彼らも公務員であり、給料だけでは生活が成り立たない状況だった。

一九九六年二月、シベリアのイルクーツクに日本人の友人らと思い切って旅行した。凍り付いた、世界最深のバイカル湖を見たかったからだ。その夢はかなったが、帰りのシベリア鉄道に乗る直前、若い警官に「あなたは、国内を旅行する正式なビザを持っていない」と突然問いただされ、鉄道が出発する直前の夜中に、貨物列車の裏に連れていかれ、賄賂を要求された。真冬の、しかも夜である。鉄道が出発する直前に、シベリアで放置されるわけにはいかなかった。「正式なビザ」というのも、そのようなものは必要ではなく、当然言いがかりだった。しかし、命があっただけでも良かったというのが、率直な思いだった。

「エリツィンは西側のいいなり」

私がモスクワに滞在していた一九九五年、大統領の座についていたのはボリス・エリツィン氏だった。ソ連共産党書記長だったミハイル・ゴルバチョフ氏を追いやり、ロシア共和国のトップとして、ウクライナ、ベラルーシとともに「独立国家共同体」を創設してソ連邦を崩壊に追い込んだエリツィン氏。改革派の旗手と目され、国民の絶大な支持を集めてロシアの初代大統領となったが、その成果は惨憺たるものだった。多くの国民は、ヨーロッパのような豊かな暮らしが間もなく実現すると信じて疑わなかったが、エリツィン大統領らが一九九二年一月に導入した、「ショック療法」と呼ばれる急激な市場経済化は、ロシアの人々の暮らしを大混乱に陥れた。

商品価格を一気に自由化したため、ロシアの消費者物価は一九九二年だけで二六〇〇％も上昇するという「ハイパーインフレ」が発生。実質国内総生産（ＧＤＰ）は一四・五％もの下落を記録した。ロシアの通貨ルーブルは紙くずとなり、外資系企業や、エネルギー資源などの貿易に携わることができたごく一部の国民を除けば、先に指摘した年金生活者や公務員などを中心に、その生活は崩壊した。

エリツィン大統領はさらに、エネルギー関係を中心とした国有企業の資産の民営化に手を付けた。「バウチャー」と呼ばれる、実質的にそれらの企業の株式である〝小切手〟が国民に配られた。ウクライナに侵攻をしかけるロシア経済が現在も維持されているのは、ロシアが保有する莫大な資源と、その資源を海外に売る巨大企業があるからだ。しかし、多くの国民は、その意義を理解しなかった。

バウチャーを手にした国民は、その重要性がわからず、次第に道端に現れるようになった「バウチャー買います」との看板をぶら下げた人々に、数千ルーブルのはした金で自分が保有するバウチャーを売り払った。こうして、破格の値段で有望な国営企業の株式を買い占めた層が、のちにロシア経済を牛耳ることになる。国民はまたしても、だまされたのだ。

当時の私の周りにいたロシアの学生らは、いわばその〝上層〟に住む人々の子弟だった。中には、西側から輸入されたばかりであろうスウェーデン製のボルボの中古車を乗り回す知人もいた。寮は二人部屋だったが、最初に相部屋になった青年は、大学に通いながらアメリカの重工業メーカーのモスクワ支店で働いていた。彼らは間違いなく、特権階級だった。そのような知人らの大半は今、ロシアを去っている。

日本や西側で報道されていた、ソ連崩壊後の壮大な民主化のうねりに感銘を受けてロシアに来た私のような学生は、その改革をリードしていたはずのエリツィン大統領の人気が凋落し、さらに目前（一九九六年）に迫った大統領選を前に、ロシア共産党を率いるゲンナジー・ジュガーノフ氏に大統領選で敗れる可能性が実際に浮上していた事実を、信じられない思いで見ていた。

ただ、それは多くのロシア人にとって、当然の結果だった。大統領選では最終的に、新興財閥の助けを得て、アメリカ流の選挙戦略を導入した結果、かろうじてエリツィン大統領は勝利したが、それでも多くの人々の目には、エリツィン大統領は欧米の手先と映り、彼が推し進めた「民主化」に失望した。

ウクライナの国際政治学者、グレンコ・アンドリー氏はエリツィン大統領の手法をめぐり「ロシアの民主主義というものは、ソ連末期に当時のゴルバチョフ・ソ連大統領との対立軸を作ろうとしたエリツィン・ロシア共和国大統領が、その理論武装のために掲げ、生まれたに過ぎない」と断じている。当時は、多様なテレビ番組や新聞が現れてさまざまな勢力が主張を戦わせていたが、実際にはエリツィン大統領のもとで国家資本を牛耳ったオリガルヒ（新興寡占資本家）が政党やメディアを抱えて勢力を競っていたのが実態で、そのような「民主主義」に人々は失望した。

二〇〇五年、再びロシアへ

ロシアの地を再び踏んだのは、一九九六年に帰国してから九年後の二〇〇五年だった。産経新聞の姉妹経済紙、「フジサンケイビジネスアイ」の記者となり、ワールドビジネス面を担当していた経緯から国営ロシア通信などと仕事上の付き合いがあり、ロシアの産業事情を広範に取材するプレス・ツアーの申し出があったためだ。決して、宣伝めいたことを書くつもりで行ったわけではないが、街の激変ぶりに度肝を抜かれた。

モスクワ市内には欧米やトルコのスーパーマーケットの進出が相次ぎ、市民の携帯電話保有率は一〇〇％を超えていた。日米の自動車メーカーが工場建設に動き出し、家電店は主に韓国メーカーの家電であふれかえっていた。モスクワでは、一台十数万円もするテレビか売れ筋となるなど、新興経済国としての勢いに満ちていた。日本企業もロシア市場の開拓に本腰を入れ、さまざまな企業がロシア進出を推し進めていた。信じられない変化に愕然とする私を見て、通訳を務めた国営ロシア通信の若い記者の方が驚いていたほどだった。

私は帰国後、「ザーフトラ（ロシア語で明日の意味）　ロシア経済の明日」と題した六回の連載企画を執筆した。当時の記事には、そのような強い驚きが文章にあふれている。

「トヨタ自動車が日本の自動車メーカーの先陣を切ってロシアへの工場建設を決めたのを機に、対ロシア進出に慎重だった日本企業が熱い視線を送り始めた。ソ連崩壊から一五年、原油や天然ガス、希少金属（レアメタル）などの資源輸出で経済発展を遂げるロシアは今、世界の一大消費市場に変貌しようとしている。欧米企業などに比べ〝出遅れ〟が指摘される日本企業の今後のビジネスの展開と、ロシア経済の明日の姿を現地に探った」

「強い指導者」プーチンの登場

ロシア経済の急激な変化は、どのようにしてもたらされたのか。この九年間で起きた変化にはふたつの要素があった。ひとつは、エリツィン氏からプーチン氏に大統領の座が引き渡されたこと。そしてもうひとつは、原油価格の高騰だ。

一九九〇年代の混乱のロシアを率いたエリツィン大統領は、一九九九年一二月三一日に、突如辞任を表明した。エリツィン大統領のもとで、いったんは回復の端緒を見せたロシア経済だったが、一九九八年八月にはデフォルト（債務不履行）に陥り、街には再び失業者があふれた。

しかしエリツィン大統領は、サンクトペテルブルクで副市長を務め、一九九六年にクレムリン（大統領府）のメンバーとなっていたプーチン氏をひそかに後継者と定め、権力の移譲に向け入念な準備を進めていた。大統領代行となったプーチン氏は二〇〇〇年三月の大統領選で圧勝する。その背景には、エリツィン陣営による徹底的な選挙キャンペーン、メディア戦略があったが、いずれにせよエリツィン氏と異なり健康的で、精力的に業務をこなすプーチン氏は強い支持を受けた。

エリツィン政権下でプーチン氏が首相に就任する直前の一九九九年には、ロシア南部チェチェン共和国の過激派が隣接するダゲスタン共和国に侵攻したが、これに対しプーチン氏は大規模な攻撃をかけるなど、「強い指導者」としてのイメージを国民に植え付けた。プーチン氏はさらに、モスクワで相次ぎテロ事件が発生したことを受けて、チェチェン共和国への軍事侵攻に踏み切る。過激派に対し、汚い言葉も使いながら徹底的な制圧を約束するプーチン氏の姿は、人々の心をとらえた。

プーチン氏にはさらに、決定的な追い風があった。ロシアの主要輸出品である原油価格の高騰である。一九九〇年代は一バレル＝一〇～二〇ドル程度で推移していた原油の国際価格は、世界的な金融緩和を背景にした原油市場への投機資金の流入や、顕著となっていた中国の急激な経済成長による石油需要の増大、さらに二〇〇三年三月のイラク戦争の勃発などを背景に急騰。リーマン・ショック直前の二〇〇八年には一時的に約一四七ドルにまで上昇する。

私が訪露した二〇〇五年は、依然としてロシア経済は回復途上であったとはいえ、急激な原油価格の上昇で急成長を見せていた。ロシアはそもそも、膨大な資源を保有する国家である。その国際価格が上昇すれば、経済が上向くのは当然だった。そして、国民はプーチン大統領を経済成長の〝立役者〟とみなした。これは、決して彼が成し遂げたことではなかったが、その恩恵に最大限あずかったことは明白だった。

「もう二度と、あのような混乱はごめんだ」

「民主主義」を旗印にロシアの初代大統領の座を射止め、国民生活を大混乱に陥れたエリツィン氏に対し、多くのロシア人は「二度と、あのような混乱はごめんだ」と胸に刻んだ。そして、エリツィン氏が頼ったのは西側諸国である。ロシア人の心には、欧米への拭い難い不信が植え付けられていた。

そこに登場したのが、ソ連国家保安委員会（ＫＧＢ）出身という肩書きを持つプーチン氏である。大統領就任当初は、欧米との連携も是々非々の姿勢で進めていたプーチン氏だが、次第に欧米との対立を深めていく。さらに、国内においては独裁的な姿勢を強め、メディアへの支配強化などを通じ、ゴルバチョフ氏が実現させた「言論の自由」に対する制限を加えていく。

しかし、ロシア人の大半は、そのようなプーチン大統領の姿勢に強い疑問を持たなかった。「民主派」と呼ばれる勢力は排除され、ついには公然と〝西側のスパイ〟などとみなされるようになっていく。しかし、多くのロシア人はそのような事態に直面しても、プーチン大統領を支持しなくなることはなかった。

前述のグレンコ・アンドリー氏はそのようなロシア人の心理を「独裁＝安定と考えている」と断じる。その背景には、一九九〇年代の強烈な原体験があり、「民主主義になれば、社会がどうなるかわからない」とロシア人が考えている実態がある。欧米に騙され、その手先となったエリツィン大統領はわれわれの生活を破綻に追い込んだ。二度と、そのような轍は踏まない――。

そのような考え方は、今回の〝ウクライナ＝欧米の傀儡〟とみなし、〝ナチス〟とまで言い切るプーチン大統領の発言と、強く同調していると感じられてならない。

INTERVIEW

侵攻賛同の背景にある根深いロシア国民の「帝国主義思想」

ウクライナ人国際政治学者　グレンコ・アンドリー氏

日本在住のウクライナ人国際政治学者で、ロシアの政治体制に対する鋭い分析で知られるグレンコ・アンドリー氏が二〇二三年九月、筆者のインタビューに応じた。グレンコ氏は、ロシア人がウクライナ侵攻を続けるプーチン大統領を強く支持する背景には、一七世紀のロシア皇帝ピョートル一世の時代から続く根深い帝国主義的な思想があると指摘。ロシア人はウクライナを、ロシアの一部とみなしており、プーチン大統領が仕掛けた戦争も、〝祖国を取り戻す戦争〟だと信じている実態があり、今回の戦争を「悪いことだとすら思っていない」と断じている。

一方でグレンコ氏は、プーチン大統領が戦争の過程においては戦略的失敗を繰り返していると語り、逆説的だがそのようなプーチン大統領の失態が、ウクライナが国家崩壊の事態に至っていない要因だと分析している。

プーチン大統領に対するロシア人の評価というのは、当然その人によって異なっている。彼の言動のすべてを支持するという人もいれば、一部しか支持しない、またまったく支持していないという人も、中にはいるだろう。

ただ、大半のロシア人に共通しているのは、プーチン大統領と同様に〝ウクライナを取り戻したい〟という認識を持っているということだ。ソ連が崩壊する以前、ウクライナはロシアが支配するソ連という国の中にあり、そのウクライナを失ったことを、多くのロシア人は屈辱だと考えている。プーチン大統領は、ウクライナを取り戻したいという、ロシア国民の〝願望〟にこたえている。だから、多くのロシア人はプーチン大統領を支持しているのだ。

このようなロシア人のゆがんだ認識というのは、極めて根深いものだ。それは約三〇〇年前に、ロシアの大国化を推し進めたピョートル一世（在位一六八二〜一七二五年）の時代から、世代を超えて引き継がれたものだといえる。ピョートル一世は、ロシアによるウクライナの支配を確立した人物だ。

ロシア人にとり、ウクライナは長きにわたって不可分の一部であり、ともに九〜一三世紀に存在した国家「キエフ・ルーシ」をルーツにしている。その世界観が今も続いているのだ。逆に、ウクライナを別の国だととらえるということは、先祖から受け継いだ伝統や自分たちのアイデンティティを否定することにつながる。当然、それは受け入れられない。プーチン大統領が今回の戦争を「国家存亡をかけた戦い」と指摘するのは、そのような背景がある。

国際社会が理解する「ロシア」と、ロシア人が語る「ロシア」は、同じ意味ではない。それは旧ソ連、またはかつてのロシア帝国全体を示しているのであり、現在の「ロシア連邦」は、その破片に過ぎないのだ。

ロシアが今、ウクライナとベラルーシの征服に注力しているという印象があるかもしれないが、ロシアがそうするのは単に、旧ソ連の要となる地域だからだろう。ロシアは、ウクライナの征服に仮に成功すれば、ベラルーシ、モルドバ、またカフカス地方の国々の征服にも力を入れていくだろう。

ただ私は、これはプーチン大統領の戦略的なミスだと考える。なぜなら、そのような行為は、まず力の弱い国に対して行うべきだからだ。ジョージア、アルメニアなどほかの旧ソ連諸国を標的とし、それらの征服に成功したならば、より力があるウクライナなどの国に触手を伸ばすべきだっただろう。

ウクライナ侵攻により、ロシアは経済面においては巨額の資産を失っている。ただ、多くのロシア人は豊かな暮らしをしたいと考える一方で、ウクライナを征服したいとも考えている。どちらかを選ぶとすれば、多くのロシア人はウクライナ征服を選ぶだろう。彼らは〝祖国〟を取り戻したいと考えているからだ。一定程度の犠牲や損失があるかもしれないが、それでも〝理想〟を実現したいと考えている。そう考えない人もいるが、少数派だ。

ロシア人の大多数は今、プーチン大統領を支持している。ただ、仮にプーチン大統領を積極的に支持していなくとも、このウクライナ侵攻は支持するという人もいるだろう。プーチン政権が汚職まみれだということはわかっていても、ロシアはこの戦争に勝つべきだと考えている。

ロシアにも反体制派はいる。ただ、あまりにも数が少ない。帝国主義的な考え方から見れば、「少ない」イコール「弱い」となる。プーチン大統領は、地政学的な戦略に長けているとは言い難い。しかし、国内の独裁体制を推し進めるという手腕には長けている。

プーチン大統領は、反体制派を一気に排除するのではなく、少しずつ、徐々に排除していった。時間をかけて彼らを潰し続けた結果が今にある。反体制派もまた、戦略に乏しいと言わざるを得ない。

第二次チェチェン紛争や、国内メディアに対する政府による統制強化など、ロシアでは独裁体制の強化が推し進められていると明確にわかる局面が幾度もあった。反体制派は、これらの局面で、正面から政権と戦うべきだったが、それをしなかった。彼らもまた、日和見主義だったと言わざるを得ない。

草原を駆け巡ったコサックを先祖に持ち、個人主義で自由を求める気風が強いウクライナ人に対し、ロシア人は強い集団の一部にあることに安心、安全を感じる。ロシアは歴史上、長い期間にわたり強権的な君主のもとにあり、そのような状況が何百年も続くと、現在のようなメンタリティが生まれるのだろう。ロシアは、征服と拡張主義を是としている。その実現のためには強権的な政権が必要であり、人々は独裁を求める。

ロシア人の多くは、ウクライナを征服しようとしていることに対し、〝悪いことをしている〟という感覚がない。そもそも、ウクライナを外国とみなしておらず、現在の戦争も〝外国〟を攻めているという感覚が乏しい。彼らは、ウクライナの西端にあるリビウまでロシア軍が進軍するということを、ごく自然なことだと考えているだろう。

一般市民の多くは、アメリカを中心とした北大西洋条約機構（ＮＡＴＯ）と対立したいとは思っていない。ウクライナ侵攻も、自国の一部を取り戻す行動だととらえている。だから、ウクライナに対してＮＡＴＯが支援を行えば、なぜ彼らはわれわれの〝国内の話〟に介入するのか、と考える。これは、プーチン大統領自身もそうだろう。彼はおそらく、今回の侵略という行為に対し、〝悪いことをしている〟という感覚がない。

プーチン大統領はいわば、第二次世界大戦後の世界の支配構造を事実上決定したアメリカ、イギリス、ソ連の三国首脳による「ヤルタ会談」をもう一度やろうとしている。彼は実際に、そのような発言を繰り返してきた。西側諸国は当然、このような提案を受け入れるはずもないが、プーチン大統領にはその理由がわからないのだ。

プーチン大統領、またロシア人のメンタリティというものは、まず変わらない。資源があり、その輸出で収入を得られる限り、彼らは拡張主義を追求し続けるだろう。仮に、ウクライナとの戦争に負けたとしても、ロシアはほかの国を侵略し、そこでは〝勝利した〟という状況に国民の目を向けて、ウクライナに対する次の手を考えてくるかもしれない。

ただ私は、逆説的かもしれないが、ロシアのトップがプーチン大統領でよかったと考えている。これほど、帝国主義の実現が下手な人物はまずいないからだ。ウクライナに対しては、二〇〇四年に起きたオレンジ革命への介入にも失敗し、二〇〇八年のジョージアでの戦争は、世界中にロシアの危険な本質をさらした。ウクライナではようやく、二〇一〇年に親ロシアのヤヌコビッチ大統領が誕生し、ロシアの傀儡政権を事実上打ち立てたが、ロシア側があまりに強引にウクライナの政治に介入した結果、二〇一四年の同政権の崩壊につながった。

ロシアによる侵攻は、ウクライナに甚大な被害をもたらしているが、ウクライナは現在も国家として持ちこたえている。しかし仮に、プーチン大統領以外の政治家がロシアを率いていたら、ウクライナはおそらく持ちこたえられなかっただろう。

第三章 CHAPTER THREE

変貌するロシア経済

TRANSFORMING RUSSIAN ECONOMY

「ロシアがデフォルト（債務不履行）するだと⁉　いつだ、一体いつ起きるんだ！」

国境警備隊員の男は突然、怒鳴るように私に問いただしてきた。その動揺ぶりに、こちらの方が逆に驚かされてしまった。

二〇二二年五月下旬、ロシアに入国した際の出来事だった。厳しい態度で「何を取材しに来たのか」と問いただした国境警備隊員に対し、「現在のロシアの経済状況を取材したい」と回答した。そして、会話の中で「ロシアは間もなくデフォルトする」との見方を伝えると、彼は突然狼狽した様子を見せたのだった。

当時、ウクライナに全面侵攻し、金融制裁を受けたロシアがデフォルトすることは、海外メディアの記者から見れば規定路線の流れだった。

このときロシアは欧米諸国の経済制裁を受け、ロシア中央銀行は、海外の中銀に預け入れていた外貨準備の約半分が凍結されたとみられている。外貨建て国債の利息や、元本の支払いをするにはこの外貨準備が必要で、そのためロシアは五月末にも、債務が支払えないデフォルト状態に陥ることが確実視されていた。

制裁による外貨準備の凍結は、〝人為的〟にロシアがこれらの支払いを行うことをできなくさせる効果があった。実際には、ロシアは二〇二二年六月に外貨建て国債についてはデフォルトに至ったものの、凍結された外貨準備を完全に失ったわけではなく、結局その後も国内向けの国債を発行することで、資金調達を継続することができた。

ただ、そのような人為的なデフォルトの経済的な意義はともかく、国境警備隊員の男がうろたえたのは無理もないことだった。彼の脳裏には、一九九八年のロシアのデフォルトが引き起こした混乱がよぎっていたに違いない。ロシア人であれば、誰もが思い出したくない出来事だからだ。

一九九八年八月の悪夢

一九九八年のデフォルトとは、どのようなものだったのか。

一九九〇年代のロシア経済の混乱は、前章で紹介したとおり悲惨な状況だった。高齢者は真冬でも路頭に立ち並び、野菜や家財道具などを売って糊口をしのいだ。その一方では、不透明な手口で国の資産を一手に集める〝ニューリッチ〟などと呼ばれる資本家らが現れ、そのようなあぶく銭を費やす場として、夜のモスクワにはカジノのネオンが所狭しと輝くようになっていた。想像を絶する貧富の差の拡大と、治安の悪化に人々は苦しめられ、エリツィン政権の支持率は凋落していった。これが、ソ連崩壊から一九九〇年代半ばまでの動きだ。

しかし、国際社会はロシアに対し、必死に手を差し伸べた。この地に、ようやく芽吹いた〝民主主義〟を支えようと、金融支援などを通じ、さまざまな形でロシアを助けようとした。

そのかいもあり、ロシア経済は徐々に上向き始める。人々の生活は落ち着き始め、街中には、気軽に楽しめるレストランや衣料品店などが現れるようになっていった。ロシアの人々が夢に見たヨーロッパと同様の水準の生活が、ようやく目の前に現れ始めたのだ。人々はわずかな資金を銀行に預けるなどして、生活を立て直しつつあった。

しかし、人々の生活はほどなく、大きな混乱に叩き落とされることになる。

一九九七年にアジアで発生した通貨危機が、その引き金だった。

アジア通貨危機が起こした波は、ほどなくロシアを直撃することになる。ロシアは当時、短期国債を乱発して、借金を返済するために借金を重ねる状況が続いていた。財政状況は極めてもろく、危険な状態だった。

金融危機の世界的な広がりを受けて、外国人投資家らはロシアの石油産業に投資していた資本を一斉に引き揚げた。高利をうたっていたロシアの銀行は次々と破綻し、なけなしの貯金を銀行に預けて利息による収入を夢見ていた多くのロシア国民は、預金を引き出すこともできず、その資産を失った。銀行の前で、何とか預金を下ろそうとする人々が長蛇の列をなす、悲惨な映像が世界に流れた。そのような苦い記憶があるからこそ、多くのロシア人は〝デフォルト〟という言葉に強い拒否反応を示すのだ。

今回のデフォルトは、国内での資金調達が可能という点で、その影響は限定的ともいえる。ただ、海外からの資金調達の手段が大きく狭まることは、ロシア経済の中長期的な成長を阻害するという点で、その効果はむしろ今後現れる可能性が高い。

「この店舗は技術的な問題のため、閉店しました」

ロシアによるウクライナ侵攻後、世界を襲ったのがインフレの波だ。日本もその例外ではなく、その影響はむしろ拡大している。一方で、その震源地となったロシアもまた、インフレに襲われた。しかし、その様子には特殊性があった。価格の上昇が、輸入品において特に顕著だったからだ。

「肌感覚では、国内品で三割、輸入品で五割上がっただろう。思った以上に値段は上がっている」

二〇二二年五月にモスクワで面談した日本人ビジネスマンは、街中で売られる商品の価格上昇の現状を、こう説明してくれた。この時期は、ウクライナ侵攻を受けて欧米の主要ブランドが一斉にロシアから撤退を始めたタイミングだった。海外ブランドの商品は、次に入荷するめどが立たない状況になっていて、商品価格は明らかに上昇していた。

電化製品店などでは、価格が一日で何度も書き換えられたため、次第に値札がない商品が販売されるようになっていったのが、このころだった。海外企業がロシアへの輸出を停止したことが、その要因だった。あるスーパーでは、日本製の飴やガムなどのお菓子が、一袋数千円で売られていた。おそらく誰も買っていないと思われた。

高級な輸入品が流れる都心部ほど、海外企業の撤退の影響は色濃く出ていた。

「この店舗は技術的な問題のため、閉店しました」

モスクワの中心部、赤の広場に隣接する国内最高級のデパート「グム」を訪れると、きらびやかな建物の内部とは対照的に、テナントとして入っていた海外ブランドの店舗がことごとく閉店し、このような張り紙が貼られていた。この「技術的問題」という言葉は、ロシア語特有の言い回しで、いわば都合が悪い話を片付ける際に常に利用される言葉だ。真っ暗になった店舗にはどこでも、この張り紙が貼られていた。

かろうじて営業していた欧米ブランドのスニーカーショップを訪れると、「ニューバランス」のスニーカーが一足四万円ほどで売られていた。日本の価格の二倍ぐらいだっただろう。私がしげしげと眺めていると、全身にタトゥーを入れ、サッカーユニフォーム姿の若い男性店員が「二月（侵攻

多くのテナントが閉店・撤退したモスクワの最高級デパート「グム」

開始時）以前と比べると三割ぐらい値上がりしている。でも、今なら少し割り引きますよ」と耳打ちしてきた。ありがたかったが、とても手が出る金額ではなかった。

店を出ると、店内のベンチで休む老夫婦がいた。気を悪くさせることは重々わかっていたが、「日本の記者です。すっかり店舗が減ってしまいましたが、このような状況をどう思いますか」と尋ねると、男性がむっとした表情を浮かべ「私は、これでもまったく問題がないと思っている」と言い放って、その場を去っていった。

グムを出ると、経済制裁の影響をさらに色濃く示している場面があった。クレムリンからモスクワ北部に続く目抜き通り、ト

シャッター街と化していたモスクワの目抜き通り「トベルスカヤ通り」

ベルスカヤ通りがシャッター街になっていたのだ。わずかに、ロシア資本の店舗が営業しているだけだった。日本でいえば、銀座の目抜き通りの店舗がことごとく閉まっているような感覚だろうか。通りを歩く人の数もどこか少なく、誰もが足早に過ぎ去っていった。

ひどい味の〝偽〟丸亀製麺

外資系企業や店舗の相次ぐ撤退は、ロシアの市民に対して「戦争を続ければ、ロシアは国際社会から相手にされなくなる」というメッセージを伝える狙いがあった。

しかし、せっかく海外企業が損を被る覚悟でロシア市場から撤退しても、そのようなメッセージが伝わらなかったケースもある。現地企業が外資系企業の資本を格安で譲り受けて事業を継続したり、資本が不透明な形で乗っ取られたりしたケースがあったのだ。

日本でも有名なうどんチェーンも、そのような事態に巻き込まれていた。

モスクワの中心部にあり、世界的に知られるトレチャコフ美術館などに隣接する地下鉄駅、トレチャコフスカヤ。付近には、モスクワ川が緩やかに流れ、侵攻前は日本企業も多く進出していた美しいエリアだ。

その駅から五分ほど歩いた場所にあったのが、日本の「丸亀製麺」が展開していたうどんチェーンの店舗だった。二〇一六年には、当時の世耕弘成経済産業相がモスクワの丸亀製麺の店舗を視察するなど、日本がロシアに対して展開していた経済協力プロジェクトの有望案件だとみなされていた。私も、特派員としてモスクワに赴任していた当時は、ロシアで日本の味を手軽に楽しめる数少ない店として、家族を連れてたびたび訪れていた。

しかし、二〇二二年に訪れたこのトレチャコフスカヤ近くにあった店舗は、ロシアの不透明な商習慣の象徴のような店舗に様変わりしていた。店の外に掲げられた看板名は「マル」。店の中に入ると、当時と変わらない内装で、使われている食器すら同じだった。しかし、丸亀製麺を展開する日本企業はこのときすでに、ロシア国内で展開する店舗をすべて閉店することで、ロシア側の運営者と合意していたはずだった。日本側の了解なしに、ロシア側が勝手に〝激似〟店舗を営業していたのだ。

店のレベルダウンは明らかだった。天ぷらは油でべとべとで、店員らは奥で平然と話をしていて客への対応は遅い。長時間放っているようで、サラダやトッピングのねぎは乾いていた。つゆはぬるく、うどんもゆで方がいい加減なのか、歯ごたえがなくふにゃふにゃしていた。それでも、値段は以前よりも高かった。

「ひどいな……」と内心でつぶやいたが、周囲は誰も気にしていない様子だった。隣で食事をしていた、髪の毛をピンクに染めた派手な服装の若い女性に話を聞くと、こともなげに「初めて来たからわからないけど、美味しいわ」と笑って答えた。

大半が若い客で、店は繁盛している様子だった。もともと、日本食を食べ慣れている人たちではない。彼らにとって、味の違

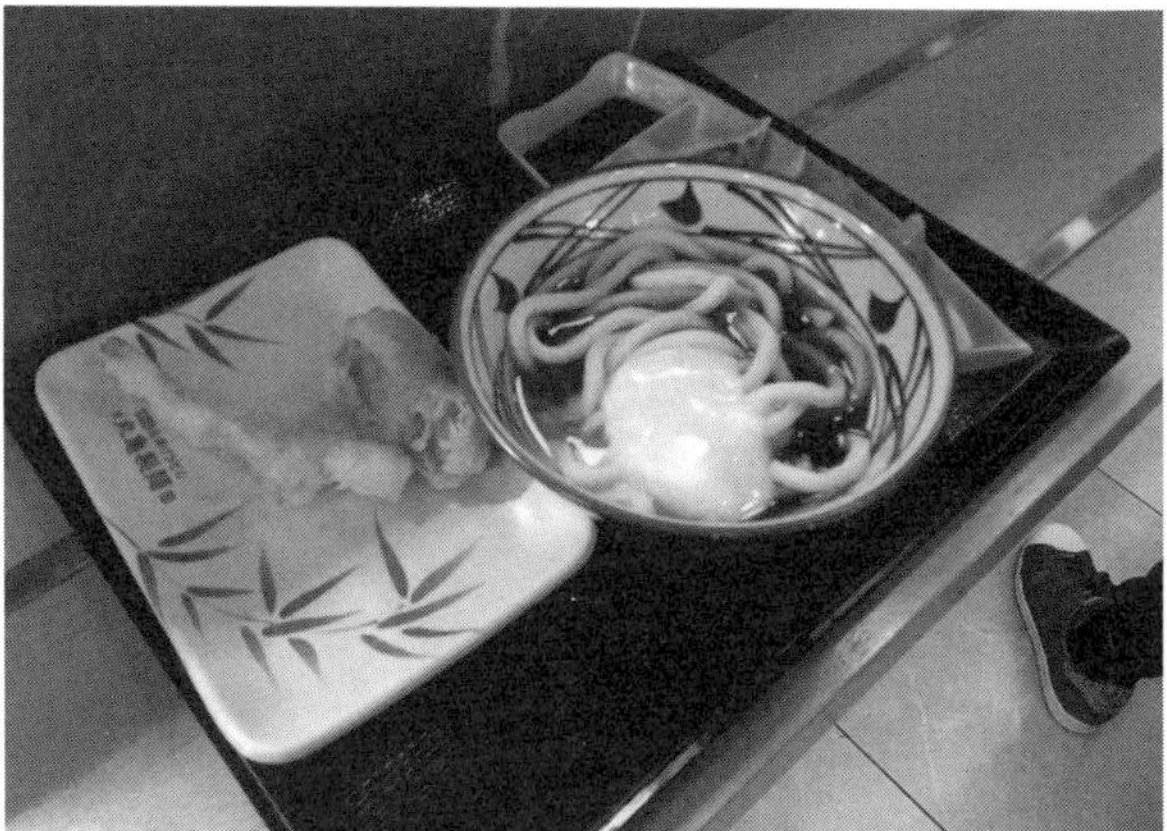

「マル」では、丸亀製麺のロゴが入った皿がそのまま使われていた

いなどあまり気にならないに違いない。きっと、この店の売り上げは悪くないのだろう。複雑な思いで店を後にした。

撤退した効果が疑われるケースはほかにもあった。撤退を決めたマクドナルドは、私がモスクワを訪れた二〇二二年五月の段階では、店舗は次々と閉店し、「制裁が進んでいる」との印象を強く与えていた。

しかし、市中心部のマクドナルドの店舗では、閉店した店のすぐ隣で、バーガーキングが営業していた。マクドナルドを横目に、バーガーキングには次々と客が流れていった。

バーガーキングのチェーンはカナダの資本が保有していたが、ロシアでの合弁先が、

閉店したマクドナルド（左）の隣で通常営業を続けるバーガーキング（右）

閉店を拒否したのだという。客は、ただ店があるところに流れる。マクドナルドがなくなったことを残念に思う人々はいたのだろうが、大半の場合は別のライバル店に客が向かうことになるという現実もあった。経済制裁の実情だと言わざるを得なかった。

〝合法的〟に進む西側企業への乗っ取り

撤退した外資系企業の事業を、表向きは合法的にだが、ロシア資本が事実上、接収に近い形で引き継ぐケースも相次いだ。マクドナルドはその典型例だった。

マクドナルドのロシア市場からの完全撤退を受け、私がロシアを離れた直後の六月一二日には、その後継となるチェーン店「フクースナ・イ・トーチカ（おいしい。ただそれだけ）」が各地でオープンしたのだ。

「これがハンバーガー。味は以前と変わらない。ポテトも同じだ。ただ包装が変わった。ロゴがない。ソースは、マクドナルドのソースのマークを〝消して〟使っているね」

モスクワのユーチューバーは開店当日に店舗を訪れ、全メニューを購入してその味の違いを「実況中継」してみせた。店内は客であふれ、店舗の再開を喜ぶ声を次々と上げていて、映像からもロシア国内での期待の高さが窺えた。

なぜ、このようなことが可能だったのか。新たなチェーンのオーナーとなったのはロシアの実業家、アレクサンドル・ゴボル氏だ。ゴボル氏は石炭産業から財を成し、その後ホテルやレストランチェーンに乗り出した人物として知られる。

ロシアメディアのインタビューに答えたゴボル氏は、マクドナルドとの交渉はアラブ首長国連邦（ＵＡＥ）で極秘裏に行われ、約六万二〇〇〇人の従業員の雇用を二年維持することや給与支払いなどを条件に、「格安」で事業を買収した事実を明らかにした。事業承継には、行政も協力を惜しまなかったといい、外資撤退の象徴的な事例であるマクドナルドの撤退を、〝成功裡〟に進めようとした政権の意図が強く感じられた。

ただ、マクドナルド側はロシア人従業員らの雇用を守るために、「格安」で事業をロシアに売り渡していた事実も明らかになった。国際的なトップ企業としての、従業員の雇用に対する強い責任感が窺える。そもそも、ロシアによるウクライナ侵略という事態に巻き込まれての事業売却であり、マクドナルド側には何ら責任がない。にもかかわらず、このような対応を行うことへの、懐の深さを感じた。ただ、一方でそのような配慮は、ロシア側の〝痛み〟も軽減していた。

同様の事象はほかの業界でも起きていた。フランスの自動車メーカー「ルノー」は二〇二二年五月、ロシア法人の株式一〇〇％をモスクワ市に、さらに、保有していたロシア自動車メーカー最大手「アフトバス」の株式約六八％を、ロシアの政府系機関に売却すると発表した。

売却額は非公開だったが、ロイター通信は関係筋の話として、それぞれ一ルーブル（約二円）で売却されたと報じている。

ルノーにとってのロシア事業は、同社のビジネスでフランス本国での事業に次ぐ規模を持ち、その売却は厳しい経営上の痛手となったに違いない。実際、ルノーは当初は、ロシア撤退には否定的な姿勢を見せていた。

ただ、ロシアにとどまろうとした姿勢をウクライナ政府が強く批判した結果、三月にはロシア工場の停止を決定した。ルノーはロシア事業の操業停止に伴い、二二億ユーロ（約三五〇〇億円）もの評価損を計上すると発表した。ルノーもまた、事業売却をめぐり、約四万五〇〇〇人とされるロシア国内の従業員の雇用を守るための措置だったと明かしている。

ロシア事業を停止した、アメリカの飲料大手コカ・コーラの製品を模倣した商品も相次ぎ登場したことも、世界中のメディアが報道し、話題となった。

ただロシア側は、事業の乗っ取りや、模倣品の生産を推奨するかのような動きすら見せていた。プーチン大統領は三月、ロシアが「非友好国」に指定した国の企業の意匠権や発明などを、ロシア企業が利用することを事実上容認する大統領令に署名した。ロシアが海外企業の権利をまったく重視していない実態が浮かび上がっていた。

経済制裁でソ連時代に逆戻り

「多くのヨーロッパ企業はロシア市場から撤退すると表明している。しかし、これは良いことかもしれない」

プーチン大統領は二〇二二年五月下旬、こう発言して世界の耳目を集めた。相次ぐ外資の撤退が、自国産業を強める契機になるとの趣旨の発言だった。〝外資系企業がロシアに参入して市場を開拓してくれた。そしてその市場を今、ロシア企業が獲得できる〟――。プーチン大統領の言葉には、そのような意図が込められていた。

多くの人々が驚いたプーチン大統領の発言だったが、ロシアは実際には二〇二二年のずっと以前から、このようなプーチン大統領の考え方に沿った政策を進めていた。二〇一四年のウクライナ南部クリミア半島の併合以降、国際社会からの経済制裁に対抗するために進めてきた「輸入代替」政策がそれだ。

ロシアは制裁により、欧米などから一部の先端技術の提供を受けられなくなったほか、一部の製品を輸入できなくなったが、プーチン大統領はそれを機に輸入に依存せず、自国産品で産業を回せる態勢を整えようとした。

今回の全面侵攻により、制裁は一気に強化され、外資系企業の撤退が加速した。だからこそ、国内企業が生産を増大すれば、外資に奪われていた国内でのシェアを奪還できるとプーチン大統領は主張したのだ。

実態はどうなのか。確かに、欧米や日本の企業が撤退したことは、ロシア企業にチャンスを生んだ。ただ、長い目で見れば、輸入代替政策はロシアの産業にとり、むしろ逆効果になる可能性が高いと私はみている。それには、ロシア特有の理由がある。

ロシアは旧ソ連時代から、宇宙開発や軍需産業など、特定の分野を除けば多くの産業で西側の国々から立ち遅れていた。共産主義体制下の産業は、資本主義体制下のような民間企業間の自由な競争が起きず、西側との差が開いていったためだ。そして、ソ連崩壊後の経済混乱で国内企業は一気に経営状態が悪化し、その遅れはさらに決定的になった。

一九九〇年代は混乱が続いたが、ロシアはその後、二〇〇〇年以降の国際的な資源価格の上昇で経済を立て直し、その輸出収入で海外の製品・サービスを輸入することで、人々の生活水準を向上させてきた。

しかし、今回のウクライナへの全面侵攻を受け、ロシア事業の停止・縮小などを決めた多国籍企業は一〇〇〇社を超え、同時に多くの輸入品が消えた。

プーチン大統領が主張する輸入代替政策は、原材料が潤沢に国内に存在していたり、生産コストを度外視したりすれば、一定程度は成功し得る。しかし、技術やノウハウの積み重ねがない状態で、輸入品と同レベルの製品を作ることはできない。企業間の競争が働かない環境で生産された商品・サービスを押し付けられる国民は、たまったものではないのが実態だ。

エアバッグがない車

ロシアによる輸入代替政策が機能しなかった、典型的な事例がある。二〇二二年六月、ロシアの大手自動車メーカーが、冬季の運転に不可欠な安全システムや、エアバッグすら搭載しない車の生産を始めたのだ。

「六月に生産が再開されたアフトバス社の乗用車『ラーダ』には、アンチロックブレーキシステム（ＡＢＳ）がついていない。購入者は冬が来る前に、ＡＢＳなしの車の運転に慣れる必要がありそうだ」。ロシアメディアは同月下旬、自嘲気味にこう報じていた。

なぜそのようなことが起きたのか。アフトバスは、前述したフランスの自動車大手ルノーの傘下にあった、ロシアの自動車大手だ。ウクライナ侵攻を受け、ルノーは五月、ロシアの現地法人とアフトバスの株式を売却すると発表。アフトバスはロシアの国営機関に売却された。

アフトバスは六月、ロシア中部トリヤッチの工場で生産を再開したが、制裁などの影響で部品が調達できず、一部の安全装置なしで車を生産することになったという。自動車のような技術的に高度な製品においては、ロシア側は外資に成り代わっての製造はできない実態があった。

混乱はさらに広がっていた。ロシア国内ではこれまで、日本や欧米など幅広い国々の主要メーカーの工場が進出し、乗用車を生産していた。しかし、ウクライナ侵攻を受け、各国メーカーがロシア国内での生産を停止し、部品やタイヤメーカーも輸出を止めた。その結果、ロシア国内では自動車の供給不足に陥るとの見通しから価格が高騰し、販売台数が激減するという事象が発生した。知人のひとりは、「アウディをポルシェの値段で売っている」とあきれたように語っていた。部品の減少を補うために、中国製部品で修理を行える韓国メーカーの車の購入を推奨する専門家まで現れた。

国際的な競争力はむしろ低下

輸入代替政策には、もうひとつの致命的な欠陥がある。それは、品質の悪い自国や第三国が生産した部品などを使えば、実際には産業の競争力が向上するどころか、国際市場においては、競争力はむしろ低下するという点だ。

ソ連時代末期、ソ連国内では西側では考えられないほど質の悪い自国製品が流通していた。海外からの製品が輸入されず、国内企業が独占的に市場を維持していたため、それらの産業が生きながらえることができていた。だが、ソ連が崩壊して外資の製品がロシア市場に流れ込んだ結果、ロシア製品は駆逐され、産業は壊滅的な打撃を受けた。ロシアで国際的競争力があるのは、石油や天然ガスなどエネルギー産業、鉄鋼などの金属産業、小麦などの農業など、地下資源や広大な国土に依存した第一次・二次産業ばかりだ。

今回も、その構図は変わらない。現在の状況が長引くほど、ロシアの産業の競争力は低下を続ける。そして戦後、再び外資が参入すれば、ロシアの産業はソ連崩壊時の二の舞いとなりかねないのが実態だ。

また、外資が撤退し、ロシア企業が「輸入代替政策」のもとで生産を増大させても、ロシアの国民のニーズを十分にカバーすることが困難なのは明白だ。その市場の空白を埋め合わせているのが中国製品だ。ロシアを自陣営に取り込み、エネルギー資源も廉価に買い叩く。さらに、市場まで解放させているのだから、中国の狡猾さは並大抵ではない。

「ロシア企業経営者の中国詣でが止まらない。皆、中国に出張している」

モスクワ滞在中、ある日本企業関係者は、ロシアが中国への依存度を高めている状況をそう語ってくれた。欧米の経済制裁を受けるなか、ロシア企業に門戸を開けてくれて、世界第二位の経済規模を持つ中国に、ロシア人経営者らが大挙して訪れているというのだ。

欧米や日本企業が撤退するなか、中国がロシア市場を奪った典型が、乗用車分野だろう。ロシアや旧ソ連の経済情勢を調査する「ロシアＮＩＳ貿易会」（東京）の調査によれば、二〇二三年上半期において、ロシアの乗用車市場におけるメーカー別の販売台数トップ一〇ランキングで、実に六社が中国メーカーだった。

さらに、ほかの海外企業が撤退したあとの工場も、中国企業が利用し始めている。ロシアＮＩＳ貿易会によれば、日産が保有していたサンクトペテルブルクの工場を引き継いだアフトバスは、中国メーカー「第一汽車」の乗用車のモデルを使い、アフトバスの「ラーダ」ブランドの乗用車生産を始めたと伝えられている。ロシア極東ウラジオストクにあったマツダの工場では、ロシア企業が二〇二三年九月に乗用車生産を再開した。中国の自動車メーカーの協力を受けているとみられている。

ロシア極東でのマツダの活動は、私も強く記憶しているところだ。二〇一五〜一七年に、私はウラジオストクで開催された、プーチン大統領や安倍晋三首相らが出席した「東方経済フォーラム」を取材したが、その会場の公的な車両として利用されていたのがマツダの乗用車だった。

赤い、力強いフォルムの車体は多くの来場者に強い印象を残していた。マツダの車が公用車として利用された背景には、日露間の経済協力の象徴として、マツダの極東への工場進出をアピールしたい日本政府の意図があったことは想像に難くなかった。私もその車体を見て、日本人として誇らしい気持ちになったのが素直な思いだった。

その工場において、中国とロシアのメーカーが、共同で自動車を生産することになるという。ただ、言葉にならない思いだ。極東ビジネスに携わってきた、多くの日本の企業関係者も、同じ気持ちだろう。

中国はさらに、対露輸出が止まったはずの海外メーカー製の乗用車を、ロシア市場に送り込む拠点としても利用されている。ロシアはこれまで禁じていた、「並行輸入」と呼ばれる貿易手法を、ウクライナ侵攻後に受けた経済制裁に対抗するために解禁した。

並行輸入とは、海外の正規品を、第三国経由で輸入する行為だ。かつてロシア政府は、価格のつり上げなど不正の温床になるとして禁止していた。しかし、中国で乗用車を生産する海外メーカーが多いことに目を付け、中国経由で日米欧の乗用車が輸入されているという。

二〇二三年六月には、並行輸入の手法でホンダの乗用車を販売する〝正規〟のロシアのディーラーまで現れたとの情報がある。中国を足掛かりに、制裁が骨抜きになっている実態が浮かび上がる。

戦時下で開業した「コスプレ喫茶」

ロシアが中国との経済関係を強める一方で、日本とのつながりは、否が応でも細くなっている。そして、日本とのつながりが希薄になっていったのは、経済だけでなく、文化交流も同様だった。

ただ、日露間の溝が深まる中でも、日本文化を好む人々の素朴な気持ちが感じられ

「鬼滅の刃」のコスプレに身を包んだ若者たち。写真撮影にも快く応じてくれた

る局面もあった。

「今日、喫茶店をオープンしたんです。よかったらぜひ来てくださいね」

モスクワ市内で人々に話を聞いているなか、市中心部の公園で突然、ビラを配る若者たちに出会った。その姿を見て驚いた。漫画「鬼滅の刃」のコスプレ姿だったのだ。

ウクライナ侵攻が始まって約三カ月のタイミングだ。数日で終わるとロシア国内では目されていた戦争は依然として終わらず、ロシアの多くの一般人もまた、終わりの見えない戦争に突然巻き込まれ、心の平静を必死に保とうとしていた。

〝そんな中で、コスプレ喫茶店を開業しただなんて……〟。内心複雑な思いに駆られたが、彼らのあまりに自然な振る舞いに拍子抜けもした。

「僕は日本人なんです。これは鬼滅の刃のコスチュームですね」と語りかけると、「日本から来たのですか！　ぜひ店に立ち寄って下さいね。漫画もあります。今日なら、プレゼントもあります」と無邪気な様子で話しかけられた。写真を撮っていいかと聞くと、「もちろん」と言ってポーズを決めてくれた。結局、店に行くことはできなかったが、彼らのアニメや漫画への愛に、少しほっとしたのも事実だった。

二〇一四～一八年にモスクワに赴任した当時は、安倍首相が主導した日本政府の対露経済協力活動が本格化しており、文化面においても、日本側が積極的にロシアにアプローチを繰り返していた。

モスクワ市内ではたびたび、日本文化を紹介する大規模イベントが開催され、コスプレ大会や盆踊りなどが開催された。日本文化に対するロシア人の関心は高く、多くのロシア人が浴衣や好きなアニメのコスプレ姿で参加し、話題となった。取材をしながら、日本を満喫するロシア人の様子を見て、心が躍った。

ただ侵攻後、そのようなイベントは鳴りを潜めてしまった。日本文化に対する彼らの関心は、今でも続いていると思われるが、次第にその度合いは薄れていく事態は免れないだろう。いずれ、文化面でも中国の存在が高まる可能性が否定できない。

「八項目の経済協力プラン」とは、何だったのか

近年の経済分野における日露関係は、ロシアとの関係強化を目指す日本政府の「片想い」とでも言うべき強い意向が多分に反映されていたり、もしくはもともと日露間で動いていた計画が、ロシアに対する経済協力の一環として行っていると見えるように「水増し」して紹介されていたりしたものも少なくなかった。例えば、極東における農業支援や、ごみ処理分野での日本の技術輸出などは、かねて民間企業により進められていた。また、日露の首脳会談後に発表される案件には、事業化を検討する程度の内容も多く含まれ、実現性が不明瞭との印象がぬぐえなかった。

なぜこのようないびつな状況が生み出されていたのか。背景にあったのは、安倍政権が北方領土問題をめぐる外交交渉と合わせて推進した、「八項目の経済協力プラン」だった。

八項目の経済協力プランとはどのようなものだったのか。これは、二〇一二年一二

2017年にロシアで開催された展示会で、日本企業ブースを視察するプーチン大統領

月に首相に復帰した安倍氏が推し進めた、ロシア側のメリットを多分に強調した、経済分野での対露協力提案だ。

安倍首相は首相復帰の翌年の二〇一三年四月に、日本の首相として一〇年ぶりに公式にロシアを訪問した。さらに、二〇一四年二月にも、ロシア南部ソチで行われた冬季五輪の開会式にも出席し、プーチン大統領と会談した。

ソチ五輪をめぐっては、ロシア国内における人権問題への懸念から、欧米の主要国の首脳が軒並み欠席していた最中だっただけに、安倍首相の訪露は日本の対露接近姿勢を世界に印象付けた。

直後の三月には、ロシアはウクライナ南

部クリミア半島を併合し、東部での戦闘も激化した。欧米諸国は相次ぎ対露制裁を打ち出したが、ロシア側は併合状態を解消することはなく、対立は長期化が必至となった。ロシアは、国際社会からの孤立を深めていった。

しかし、そのような状況が依然として続くなか、安倍首相は二〇一六年五月にはロシア南部ソチを再び訪問し、プーチン大統領との会談に踏み切った。この会談をめぐっては、アメリカのオバマ大統領が見送りを要請したが、それを振り切る形で安倍首相が訪露したとされる。そのような安倍首相の姿勢に対しプーチン大統領は「アメリカからの圧力にもかかわらず、われわれの日本の友人たちは、（ロシアとの）関係を維持しようと努力している」と評価したという。

その首脳会談の場で安倍首相が打ち出したのが、「八項目の経済協力プラン」だ。八項目は、「都市づくり」「エネルギー」「ロシアの産業の多様化」「極東の産業振興」などの項目で構成される。

以来、日本政府はこれらの項目に沿った形で、経済分野におけるロシアとの緊密な協力関係の構築をアピールするようになる。北方領土問題を前に動かしたい日本が、「経済協力」というもうひとつのカードを使いながら、ロシアに接近し続ける構図がそこにはあった。

ただ、実際に日本の取り組みが、ロシアとの経済関係の拡大にどこまで寄与したかは疑問が残る。日露間の貿易額は拡大していったものの、そのペースは遅く、アジアではむしろ、韓国の方がロシアとの貿易を伸ばしていったのが実情だからだ。首脳会談では、その成果として経済分野での新規の協力案件が紹介されるのが常だったが、ロシア側からは「サハリンと北海道間の橋の建設など、欲しいのはビッグプロジェクトだ」との声が聞かれており、その内容への評価は必ずしも高くはなかった。

プーチンのパフォーマンスに翻弄されて

ロシア側も、そのような日本の動きを見透かしながらも、一定の〝お付き合い〟はしていた。

例えば二〇一七年にロシア中部エカテリンブルクで開催された産業展示会では、日本の企業団が大規模出展を行ったが、プーチン大統領が早朝にもかかわらず現地を訪問し、予定の時間をはるかにオーバーして日本企業の出展を見て回るパフォーマンスを行った。

その前日には、現地を訪問していた森喜朗元首相をプーチン大統領が歓待し、深夜にもかかわらず、わざわざ高齢の森氏を気遣うように彼をホテルまで送り届けてみせた。ただ送っただけでなく、私を含む報道陣の目の前で、森氏と語り込んでみせた。

森氏は感動した面持ちで、「彼ほど日本人の感性を持っている人はいない」などと持ち上げるなど、両国の〝緊密〟な関係が強調された。

しかしその後も、ロシアは日本の経済協力以外には、具体的な関心を寄せることはなかった。焦点の北方領土問題では、ロシア側は北方四島を経済特区に指定したり、

2017年、ロシアを訪問した森元首相をホテルまで送り、談笑するプーチン大統領

首脳会談を積み重ねたあとの二〇一九年の段階ですら、プーチン大統領が安倍首相に対し「解決策を得るためには、入念な作業が待ち構えている」と言って突き放したりするなど、解決の道筋は一向に見えないままだった。

そして、安倍政権は二〇二〇年九月に退陣。世界は新型コロナウイルス禍に襲われ、日露の経済関係がさらに縮小した。そして二〇二二年二月にロシアはウクライナへの全面侵攻に踏み切った。

日本政府は、その直後には一連の対露経済協力を凍結した。経済分野における日露関係が改善される見通しは、一向に立たないままでいる。

第二部

PUTIN AND ZELENSKYY

二人の大統領

第四章 CHAPTER FOUR

狂気の皇帝 プーチン

PUTIN, THE CZAR OF MADNESS

ソ連崩壊にともなう社会システムの破綻、さらに、その後の無計画な市場経済化を受け、一九九〇年代のロシアは経済、そして社会の両面で大きな混乱に陥った。欧米流の「民主主義」に強い希望を抱いていた市民らは、〝無秩序な社会〟を民主主義だととらえ、幻滅した。

ロシアのエリツィン大統領はそのような混乱を国民に詫び、一九九九年一二月三一日に大統領辞任を表明し、その場で後継に指名したのがプーチン氏だった。プーチン氏はロシアからの分離・離脱の動きを強めていたチェチェン共和国の武装勢力に対し徹底的な攻撃を加え、さらにメディア戦略を強化することで二〇〇〇年三月の大統領選に圧勝。以後、ロシアの主要輸出品である原油価格の世界的な上昇を背景に経済が回り始め、プーチン氏は政権運営においても、その経済好転の恩恵を享受した。

病気がちだったエリツィン氏と異なり、若く、エネルギッシュなプーチン氏は就任当初から高い支持率を維持した。チェチェン共和国の武装勢力を、時には汚い罵り言葉も使いながら徹底的に叩き潰す姿勢を示すプーチン氏に国民は賛同した。欧米との対立も辞さず、大国ロシアの復活を目指すプーチン氏の姿に、ソ連時代に郷愁を感じるロシア人の多くが共感したのは事実だ。

しかし、大統領就任から二〇年以上が過ぎ、国内の独裁体制が強化され続けているにもかかわらず高水準を維持するプーチン氏への支持率は、どこまで信頼できるものなのだろうか。今回のウクライナ侵攻に、国民の多くが賛同しているという社会調査の結果も、いったいどれほどの根拠があるものなのだろうか。

ロシア国内で、同氏を支持する声が多数を占めていることは事実と感じるが、それは決して、自ら進んで積極的に支持しているものとは感じられない。特に、今後のロシアの将来を担う若い層においては、プーチン氏を強く支持する空気が感じられないということは、二〇一四年からのモスクワ駐在時代から感じていた。

よく語られるように、プーチン氏は本当にロシアを一九九〇年代の混乱から救ったのか？　同氏に対するロシア国内の高い支持率は、どれほど実態を伴うものなのか？

そのような疑問への答えを見つけようと、海外に在住する数人の三〇～四〇代の一般のロシア人に、率直な意見を語ってもらった。海外在住者に絞ったのは、ロシア国内に在住する人々にこのような取材をすることは、その人たちに思わぬ危険を及ぼしかねないということと、国内にいながらでは、本音をすべて外国人に語るということは困難という認識があるからだった。

「海外在住者では、見方が偏っているのではないか」との疑問を持たれる方もいるかもしれないが、彼らはごく普通の一般人である。思っていることをありのままに語るという点で、彼らの意見には価値があると考えている。

また、彼らはヨーロッパ、中東、日本に住むが、国名は特定しない。また、彼らの名前も、今後その生活に影響が出ないよう、すべて仮名である点をご理解いただきたい。彼らはＩＴ関連業界や外食産業、貿易業務などに従事している。

プーチン氏は国を救っていない

オクサナさん（三〇代、女性）

「一九九〇年代の混乱から、プーチン氏がロシアを救ったとの見方には同意しません。彼は単に、適切な時と場所にいただけで、一時的に多くの人々にとり、領土や政治、経済の安定を提供したに過ぎないからです。

プーチン氏は逆に、二〇一〇年代半ばから、権力と影響力を維持するために、それまでロシアが国際政治や経済の分野で達成したものを打ち消し始めたと思います。

二〇〇〇年代初頭は、石油と天然ガスの売り上げから高い利益を受けたために、彼は国の制度を強化し、さらに経済を安定化させることができました。実際、人々の生活水準は改善され、消費が増え、雇用が生まれたと思います。

さらに、巧妙なプロパガンダにより、生活が〝安定している〟との幻想が生まれました。人々は次第に、政治に関心を持たなくなったのです。民主主義が何なのかを学ぶ時間もなかったでしょう。

ソ連崩壊以後、一九九〇年代から二〇一〇年代までの期間は、人々が新たな自己認識に至るにはあまりに短い時間でした。その間、政府は民主的な制度も築きましたが、それは徐々に、権力を乱用するための隠れ蓑となったのです。例えば、現在

2017年にロシアで開催された経済フォーラムでスピーチするプーチン氏

のロシアには、独立した裁判所というようなものは存在しません。

もしプーチン氏が本当にロシアを〝救った〟のであれば、すでに国は民主主義の方向に歩んでいるべきだし、優れた知識を持つ人々や、労働力が国を去ることを懸念する必要はなかったはずです。自分の意見を表明することだけで、戦争に動員されたり、刑務所に入れられたりすることを懸念する必要はなかったと思います。

それではなぜ、現在も多くのロシア人がプーチン氏を支持しているのでしょうか。それには多くの理由があります。

まず、多くのロシア人は、民主主義や政権交代の必要性、また、それらが彼らの生活にどう影響するかを理解していません。彼らは海外に行ったことがなく、ほかの人々の生活様式を見たことがないため、自分たちにとって、よりよい生活というものを望んでいないのです。

一方で、多くの人々にとって、一九九〇年代の困難な時期がまだ新しい記憶として残っています。彼らは〝今の状況が十分に良好〟なのだと思い込んでいて、それはロシアの政治的指導者であるプーチン氏のおかげだと考えているのは事実です。

また、これらのロシア人は多くのケースで、公共セクターで働いていて、自分たちの仕事と生活の安定が、国に負うと考えているから、プーチン氏を支持しているという側面があります。

ロシアには貧しい人が多いのです。彼らは政治にそもそも、関心を持つ余裕がありません。だから、いわば自動的にプーチン氏を支持しています。また、テレビやメディアには強力なプロパガンダがあって、人々はほかの政治家を知らず、異なる視点でものごとを見ることができません。プロパガンダは、常にほかの国々がどれだけ悪いか、またプーチン氏が、いかにすべてを正しく行っているか——というメッセージを語り続けているからです。

プーチン氏は常に、政治的な競争相手を排除してきました。だから、ロシア人の目にはほかに支持する政治家がいないように見えているのです。

一方で、ロシア人の中には、プーチン氏は正しいことをしているが、地方の権力者は交代させるべきだと考えている人もいます。いわゆる、〝王様は正しいが、貴族は悪い〟といった考え方です。

またさらに、一部の人々はプーチン氏を支持していないものの、支持しているように見せかけている人もいます。政権を批判することで、刑務所に入ることを恐れているのかもしれません。また、公務員の管理職は、部下に対してプーチン氏を支持するよう命じ、従わなければ罰金や解雇、職場での嫌がらせ、さらには昇進を制限するという脅しをかけて、プーチン支持の集会に参加するよう促すことがあります。だから、これらの公務員はプーチン氏を〝強制的〟に支持せざるを得ないのです」

セルゲイさん（五〇代、男性）

恐怖とプロパガンダで国を統治

「プーチン氏がロシアを一九九〇年代の混乱から救ったという意見は、絶対に違うと思います。なぜ二〇〇〇年代にロシア経済が回復したのか。それは一九九八年のデフォルト（債務不履行）後に外貨が国に流入し始めたからです。

ソ連崩壊後、ロシアは自由に利用できる石油や天然ガスなどの天然資源を受け継ぎました。その資源という財産は、当時のロシアの指導者のもとに突然転がり込み、当時のオリガルヒ（新興寡占資本家）の間で分割が始まりました。

プーチン氏が権力を握ると、メディア、石油、天然ガス、その他のさまざまな産業で、競争相手を排除していきました。オリガルヒであった、ホドルコフスキー氏が投獄され、ベレゾフスキー氏が排除されたのです。その結果、プーチン氏は彼らが保有していた資産を自身の取り巻きらに与え、自身もまた、これらの産業の公然、または影の、トップであり続けています。

天然資源を輸出するという行為は正しいです。しかし、結果としてこれがロシア経済を〝殺した〟のだと僕は考えています。例えばノルウェーを見てください。ロシアと同様に、この国は天然資源を輸出する国です。しかし、資源輸出で得られた資金は、特別な基金に送られ、国内で使われることはありません。国家予算の主な収入源は資源輸出ではなく、テクノロジーやサービスといった、ほかの産業から得られています。一方でロシアは、これらの産業は発展していません。天然資源以外の分野への投資は、汚職などの問題で、うまくいかなかったからです。

汚職こそが、プーチン氏の主な功績です。彼は、垂直型の統治構造を構築し、その管理を円滑にするために、〝汚職〟や〝横領〟を容認しました。これは、外貨収入に対しても行われています。プーチン氏は、自分とその取り巻きを裕福にするためにすべてを行ったが、ロシア自体のためには何もしなかったのだと思います。

なぜ多くのロシア人が今でもプーチン氏を支持しているのか。それは、簡単に言えば、恐怖とプロパガンダ、そして貧困です。これらは、プーチン氏が精密に構築した、国家管理のシステムだと言えるでしょう。

貧困層は普通、十分な教育を受けていないから、彼らのような選挙民を管理するのは簡単なことです。プーチン氏は、大多数の人々が政治に興味を持たないように仕向けました。つまり、政治や経済といった、〝高尚〟なテーマに目を向ける前に、彼らは自分の問題に目を向けなくてはいけない。人々が心配しているのは、自分自身を今日、どうやって養うかであって、国の未来をいかに良くするか、ということではないのです。

ここでいう〝人々〟というのは、小さな町や村、農村の選挙民のことを指しています。ロシア人の大多数は、このような環境に住んでいるからです。モスクワやサンクトペテルブルクといった大都市では、人々はより良い生活をして、ほかの人々よりは教育を受けているので、プーチン氏の政策への支持はいくらか低い。

ただ、ロシア人の一〇〇人中、九九人は海外に行ったことがありません。だから、テレビで言われていることをすべて信じています。つまり、すべての困難な事象が起きているのはプーチン氏が悪いからではなく、アメリカやヨーロッパが邪魔をしているからだと考えているのです。

そのような典型的なロシア人は、アメリカの影響のせいで生活が悪いと思い込み、月に三万ルーブル（約四万九〇〇〇円）程度の給料のうち半分を公共料金と家賃、そして残りを食べ物とウォッカに費やしています。ロシアで、アルコールの価格が安いのは偶然ではないのです。国は実は、税額を使い、極めて注意深くコントロールしています。つまり、ロシア人の典型的な男性はウォッカを買いに行き、酔っぱらって週末を過ごし、そして週明けには町で唯一の職場である、工場にいく。そして工場で働く人々は、プーチン氏に投票しなくてはならないのです。もしそうしなければ、解雇されるか、給与を剝奪されます。だから、これらのロシア人は言われたとおりにしなければならず、さもなければ、生活することができなくなるのです。

これに加えて、市民として自由に不満を表明すれば、それは即座に強制的な抑圧の対象になりかねません。内務省や検察などの治安機関には、法の執行と正義を確保するためだけでなく、プーチン氏の権力を保証するために、途方もない額の予算が割り当てられているからです」

疑問に目を閉ざすロシア人

アンドレイさん（四〇代、男性）

「僕はあまり政治には詳しくないし、ニュースを見る人間でもありません。しっかりと答えられるかどうかわからないので、それは理解して下さい。

だけれども、プーチン氏が一九九〇年代の混乱からロシアを救ったという考え方は、間違っているのではないでしょうか。確かに、プーチン氏がロシアを強く、安定させた、などと考える人はいます。二〇〇〇年代は、一九九〇年代と比べて犯罪率も低下したのは事実です。

それでも、それは彼が理由なのでしょうか。路上でのあからさまな犯罪行為などは減ったかもしれません。しかし、組織的な犯罪などが減ったかどうか、定かではないです。

僕は一九九〇年代からロシアを離れていて、ロシアに住む家族を繰り返し訪れていました。思い出すのは、当時はロシア社会が急激に変化していたということです。経済が、資本主義に変わって、人々は商売を始めました。その基盤を作ったのは、（旧ソ連の）ゴルバチョフ大統領でした。プーチン氏が変化をもたらしたわけではないのです。

なぜ、多くの人々がプーチン氏を支持しているのか。最大の理由はメディアです。テレビをつければ、ラジオを聞けば、〝特定の構図〟が提供されます。そして、この〝特定の構図〟というものは、事実に反しています。テレビから発せられるメッセージというのは、「あなたは、自分を（西側から）守らなくてはならない」というものです。だから、ウクライナに軍を送れというものなのです。

誰もが、そのような内容に疑問を持っています。だけど、テレビを見る人々もまた、自分の人生を肯定したい。自分たちの人生を心地よいものにしたいし、自分たちがやっていることを、〝良いもの〟だと感じたい。とてもシンプルなんです。

ロシアでの生活は、すべては〝恐怖〟が基盤に成り立っています。普通の人が普通の人生を送りたいなら、恐ろしい目に遭いたくないでしょう。だからみんな、ほかの人たちと同じように流されて、生活をしているのです」

対ロシア制裁はプロパガンダの格好の材料

イワンさん（四〇代、男性）

「プーチン大統領が、何からロシアを救ったというのですか。民主主義から、救ったとでもいうのですか。奇妙な質問ですね。

一九九〇年代は、まだ裁判所は機能していました。でも今は違います。人権問題を裁判所に訴えたら、一〇〇％敗訴するのです。もう、ロシアに裁判所などというものは存在しないも同然です。

プーチン氏は、短期間だけの大統領ならよかったでしょう。でも、結局彼が成し遂げたのは、自分自身と、自分の取り巻きの生活を良くしたということだけです。

ただ、現在の欧米によるロシアへの経済制裁については、見直しが必要だと思います。一般人にあまりに大きな影響を与えているからです。それが、プーチン政権のプロパガンダにいいように利用されています。

例えばヨーロッパには、ロシア人が直接渡航できないようにしている国々がありま す。しかし、このような制裁は、『西側は、ロシア人を敵視している』というプーチン政権のプロパガンダの格好の材料になっているのです。

また、ヨーロッパへの渡航が制限されたことで、従来はヨーロッパに行って現地の人々と意見を自由に交わすことができましたが、それができなくなったために、海外からの情報が入らなくなりました。これも、人々がプロパガンダを受け入れる素地になっています。

プーチン氏は、とてもプラグマティック（実務主義的）な人間でもあるのです。ロシア人の扱い方を熟知している。その事実を理解しなくてはいけません。

実際には、ロシア人の四割は、ウクライナ侵攻に反対していると思います。侵攻に

2017年にモスクワ市内で開かれた反体制派の集会。一部が警察官に連行された

反対する人がごくわずかという社会調査の結果は、本当の意見を言えないからそうなっているだけなのです。その点は理解してほしい。

現在の対ロシア制裁は、昔のユダヤ人に対する弾圧に近いものがあるように感じます。世界中で、ロシアの文化、言語が否定されているようです。これも、プーチン氏に利用されています。〝ロシアの文化、言語が攻撃されている。私は、あなた方のために、戦っているのだ〟と主張できるからです。

あと、ロシアの航空機の部品の輸出を止めているのも問題でしょう。民間航空機が墜落しかねないからです。これも、ロシア人から見ると、欧米がロシアの民間人を攻撃しているかのように受け止められています。繰り返しですが、このような状況は、プーチン氏のプロパガンダにとり、極めて好都合なのです」

四人の声は、いずれも示唆深い内容だった。特に、イワンさんが語った「ロシア人の四割は戦争に反対している」との指摘は、ロシア国民の本音を理解する上で重要と思う。本当の意見を、言いたくても言えない。仮に、社会調査という文脈であっても、人々は危険を感じとり、本能的に自分の心を隠している現実がわかる。

レニングラードで生まれ育つ

二〇〇〇年の就任以来、ロシアを実質的に二〇年以上にわたり統治し続け、二一世紀の現代において、さらなる領土拡張のためにウクライナに侵攻したプーチン氏。国内の統治においても、時に自国民への弾圧も辞さないその強烈な手法は、一体どのようにして培われたのか。

ウラジーミル・プーチン氏は一九五二年一〇月に、旧ソ連のレニングラード（現サンクトペテルブルク）で生まれた。兄がふたりいたが、ひとりは第二次世界大戦前に、もうひとりは大戦中に死亡している。レニングラードは戦時中、ナチス・ドイツ軍により約九〇〇日にわたり包囲され、膨大な数の市民が死亡した悲惨な歴史を持つ都市だ。そのような戦争が終結し、復興に向けて歩み始めた街の中で、プーチン氏は育ったことになる。

プーチン氏は少年時代、学業において必ずしも優秀な学生ではなかったとされる。しかし、サンボ（柔道とレスリングを組み合わせたようなソ連発祥の格闘技）、のち

プーチン氏が若き日々を過ごしたサンクトペテルブルク（2017年撮影）

に柔道を学び、高校卒業後はレニングラード大学で法律を専攻した。

一九七五年に大学を卒業した後、旧ソ連の諜報機関である国家保安委員会（ＫＧＢ）に就職し、モスクワにあるＫＧＢ赤旗大学での訓練を終えると、一九八五年には東ドイツのドレスデンに派遣された。プーチン氏はここで、一九八〇年代後半に東欧を覆った民主化のうねりに直面することになる。

一九八九年一一月に、ベルリンの壁が崩壊したころ、ドレスデンにあった旧東ドイツの情報機関「国家保安省」（通称・シュタージ）の拠点に、暴徒となったドイツ人の群衆が押し寄せたことがあった。プーチン氏は地下室で機密文書を処分する作業を行っていたが、群衆が集まるなか、プーチン氏は意を決してボディーガードを引き連れ建物の外に出て、群衆と対峙したという。プーチン氏はその際、武力を使い拠点を防衛することも辞さない覚悟だったというが、その日は幸い、そこまでの事態には至らなかった。

ただ、この出来事は、プーチン氏の心に衝撃を与えた。なぜなら、プーチン氏はソ連の軍事基地に応援を要請したものの、〝モスクワからの命令がなければ、動くことはできない〟と回答されたからだ。アメリカ国家安全保障会議（ＮＳＣ）でヨーロッパ・ロシア担当上級部長を務めたフィオナ・ヒル氏によれば、このときの出来事についてプーチン氏は「われわれを守るために、指一本上げる者さえいなかった」と述懐し、政府に見捨てられた気持ちになったという。ソ連という国の弱体化を、若き日のプーチン氏は見せつけられた。

そして、ソ連崩壊の直前の一九九〇年に、プーチン氏はレニングラードに呼び戻される。ＫＧＢの現役予備役となり、レニングラード大学で学長補佐官に就任した。そして当時の同大学教授で、後にサンクトペテルブルク市長となるアナトーリ・サプチャーク氏と出会う。サプチャーク氏が大学を辞めて、レニングラード市ソビエトの議長に就任した際に、プーチン氏はサプチャーク氏の顧問に就任。そして市長選に出馬したサプチャーク氏が勝利すると、一九九一年六月にプーチン氏は副市長に就任する。ソ連崩壊の約半年前のことだ。そして副市長就任の二カ月後には、プーチン氏はKGBを辞職する。

プーチン氏は最近のインタビューで、一九九〇年代には自ら、ドレスデンから持ち帰った車を使い〝白タク〟の運転手を行っていたと証言している。白タクは、ソ連崩壊後の経済混乱を象徴するような仕事で、車を持っていた多くの人々が日銭を稼ぐために行っていた仕事だ。もし事実であれば、プーチン氏もまた、ソ連崩壊後の経済混乱に深く巻き込まれていたことになる。

KGB出身の大統領

一九八〇年代から九〇年代初頭にかけて、プーチン氏はソ連崩壊の悲哀を痛切に身に感じた。政府への幻滅、経済の崩壊、生活苦が、プーチン氏を襲った。しかしその一方で、プーチン氏はサプチャーク氏との出会いをきっかけに政治の世界に足を踏み出し、その後は一定の紆余曲折はあったものの、出世街道をひた走ることになる。

サプチャーク氏が再選に失敗すると、プーチン氏は大統領の資産を管理する部署で働くために、一九九六年にモスクワに異動した。これが、大きな転機となる。プーチン氏は翌年の一九九七年三月には、ロシア大統領府副長官に昇格。さらにその後はロシア連邦保安庁（ＦＳＢ）長官を務め、一九九九年八月には第一副首相となり、間もなく首相となった。

そしてエリツィン大統領はプーチン氏を後継に指名し、一九九九年一二月に辞任。プーチン氏が大統領代行となり、翌年三月の大統領選で勝利し、五月には大統領に就任した。その後、憲法の規定に従っていったんは大統領の座を降りるが、実質的な最高権力者としての立場を維持し続け、二〇一二年に大統領に返り咲いて以降は、その座を保ち続けている。

プーチン氏が異様なスピードで出世を遂げた背景には多くの要素があるが、ＫＧＢの工作員として培ったスキルがプーチン氏にとり大きく役立ったことは間違いない。プーチン氏は自身がＫＧＢで務めたキャリアを誇りに思っており、大統領就任当初の海外メディアに対するインタビューで、そこで培った能力がロシアのトップを務める上で重要な役割を担っていると明言している。

工作員として培った能力とは何か。それは具体的には、〝人間と情報に対処する能力〟だとプーチン氏は語っている。

「相手に敬意を払いつつ、最高のものを引き出す。相手を仲間に引き入れ、自分と共通の目標があるということを感じさせるスキル」だとプーチン氏は語る。そして、「大量の情報から最も重要なものを引き出し、処理し、利用するスキル」だと述べている。

やや、上品すぎる言葉とも感じられる。工作員にとり、人間に対処するとはつまり、相手の心を分析し、つかむことで、相手を意のままに操る技能だ。時にそれは、相手の弱みをつかみ、コントロールすることも厭わない。かつてのKGBのように、単に相手を抑圧して、投獄や抹殺、または教育するのではなく、強い忍耐力と繊細さを駆使して、相手を取り込む能力だといえる。そのような能力が、プーチン氏が出世する上での大きな推進力となった。

汚職と脅迫で成り立つ超長期政権

ＫＧＢ時代に培った〝人に対処する能力〟は、プーチン氏のその後の政権運営にも色濃く反映されている。超長期政権を維持するプーチン氏だが、その政権運営を支える重要な要素となっているのが、ＫＧＢの工作員が相手を取り込むために使う〝弱み〟を握り、相手を脅迫して従わせる手法だ。

前出のフィオナ・ヒル氏は、プーチン氏が用いる統治構造を、「非公式の私的なシステムに支配された環境」と解説する。

それは、どのようなものか。典型的な事例が、プーチン氏が二〇〇〇年に打ち出した、オリガルヒらに対する行動原則だ。オリガルヒは、エリツィン時代に国家の資本をかき集めて蓄財し、政治、経済両面において隠然とした影響力を行使していた。しかしプーチン氏は、彼らが活動を続ける上での〝交換条件〟ともいえる原則を打ち出した。

それは、オリガルヒらは従来通りにビジネスに従事し、財産を築くことができるものの、一方で政府の財源を確保するための課税制度に合意し、かつそれを変更させようとするような試みは許されないというものだ。さらに国外での活動においても、プーチン政権が考える〝ロシアの国益〟を優先しなくてはならない。

オリガルヒらを単に排除するのではなく、手元に引き入れ、コントロールする。まさに前述のＫＧＢの工作員が駆使する「人間に対処する」手法が応用されている。一方で、そのルールに反した者は、厳しい罰が与えられる。実際に、そのようなプーチン氏の提示した行動原則に反旗を翻したオリガルヒらは、ロシア社会から排除されていった。

さらに、プーチン氏の統治構造には、「人間に対処する」手法のもうひとつの重要な要素も駆使されている。「脅し」である。これは、むしろプーチン氏に従順な姿勢を示す取り巻きに対し、その忠誠を維持するために利用されている。

具体的には、過去の〝罪〟を暴くことをちらつかせて、相手に忠誠を誓わせるというものだ。弱みを握り、相手をコントロールする手法だ。

プーチン氏の統治システムの中で実績を上げ、その維持に貢献した人間は、さまざまな特権や報酬を得ることができる。しかし、金銭的な報酬というものは、いつか、誰かがさらに優れたものを提供する可能性がある。

だからプーチン氏は、潜在的な脅しで、相手をコントロールする。誰もが、汚い金をつかまされ、弱みを握られるというのだ。だから、ロシアにおいて汚職というものは、ほかの国々とは意味合いが大きく異なる。それは、時に政府が人をコントロールするためのツールとして使われる。そして弱みを握られた人間は、プーチン氏に対し否が応でも忠誠を誓わざるを得ない。

これは、金銭的な報酬を与えることで忠誠をつなぎとめることよりも、はるかに効率的なシステムなのかもしれない。さらに、プーチン氏のシステム内で活動した人間は、その世界から足を洗うことは許されない。脅迫のシステムは動き続ける。その結果、政権を去った者であっても、プーチン氏に脅威をもたらすような行為は許されない。

このようなシステムは、プーチン政権を支えるひとつの要素に過ぎないが、一方でそれは、プーチン氏の統治手法を象徴しているといえる。

ロシアにおいて、そのような統治構造が二〇年以上に及び続いたのだとすれば、プーチン氏の周辺に、その意向に反する発言や行動ができる側近が居残り続けられるとは考えにくい。政治システムはますますプーチン氏の私的なものとなり、同氏の判断が国内の勢力によって押しとどめられたり、変更されたりする可能性は、極めて低くなる。

ウクライナ侵攻という、国際社会を大混乱に陥れたプーチン氏の決断がロシアをどのような状況に導くかは、依然見通すことはできない。しかし、プーチン氏の暴走ともいえるその行動は、プーチン氏を食い止めるシステムがほとんど稼働しなくなった政治環境のもとで生まれたことは疑いようがない。

固執する「ロシア人とウクライナ人の歴史的一体性」

プーチン氏がウクライナへの全面侵攻に踏み切った背景には、ウクライナ人とロシア人は民族として同じルーツを持ち、ロシアはそのウクライナを統治する権限を持つという、プーチン氏の極めて独善的な思想が背景にある。

プーチン氏がいつごろからそのような考えに固執し始めたのかは定かではない。しかしそのような考えを、絶対的な権力を持つ一国の最高指導者が抱き、さらにその決定を誰も食い止めることができない環境があることが、今回の戦争が引き起こされた要因であることは間違いない。

そのようなプーチン氏の考えを明確に示す、本人による論文が存在する。侵攻の約七カ月前の二〇二一年七月に公表された、「ロシア人とウクライナ人の歴史的一体性」と題された論文だ。

今回の侵攻の本質が、北大西洋条約機構（NATO）の東方拡大への懸念でも、西側に対する反撃でもなく、プーチン氏がそもそもウクライナという国を正当な主権国家として認めておらず、その地をロシアが支配することが正しいとする歴史観を抱いていたことにあるということを、この論文は物語っている。

プーチン氏はこう書き出している。

「ロシアとウクライナの関係を問われたとき、私はこう答えている。それは、ロシア人とウクライナ人は一体的な存在だということだ。この言葉は、決して短期間で考えられた結果でもなく、現在の政治的コンテクストから生まれたものでもない。これは、私があらゆる場面で述べてきたことであり、強く信じるものだ」

「まず、こう強調したい。近年、ロシアとウクライナの間に生まれた壁というものは、この本質的に同じ歴史、精神空間を分け隔てる壁というものは、私の気持ちにおいては甚大な、共通の失敗であり、悲劇だ」

「これは、異なる時間軸においてなされた、われわれの失敗の結果だといえる。と同時に、これはわれわれの団結を乱そうとする、外部の力による企みがもたらしたものでもある」

プーチン氏は何を言おうとしているのか。それは、ロシアとウクライナは、本来は一体のものであるが、ソ連時代などにおける失政、さらには、ロシアの弱体化を目指す外部の要因が、ロシア・ウクライナの分断をもたらしたと主張している。

プーチン氏はここから、自身の歴史観を解説しつつ、現在のロシア、ウクライナがふたつの国に分かれている状況を〝修正〟する必要があるという考えを披露している。

プーチン氏は論文を、スラブ民族をめぐる古代の歴史から説き起こしている。その冒頭では「ロシア人、ウクライナ人、ベラルーシ人は、すべて古代ルーシの子孫である」と主張した。そして、それらの民族は共通の言語（ロシア語）、経済、さらに正教の信仰で結び付いていると述べ、彼らにとり、ウクライナの首都であるキエフ（キーウ）という場所がいかに重要であるかを強調している。

そしてプーチン氏はそこから、「言語」という要素に着目する。「ロシア西部において統一国家が生まれた背景には、政治的、外交的決定があったからだけではない。そこには、共通の宗教があり、文化、伝統があり、そして、最も強調したいのは、言語の類似性があったということだ」と述べ、その言語は次第に「方言」や「現地語」に発展し、それが各地の文学、文化的発展を生んだとし、「それらをロシア、ウクライナの遺産だと区分けをする必要があるだろうか?」と問いかけた。

ウクライナ語などの言語は「地方で発展した言語」であるために、それらの言語で生まれた文化的遺産を、「別の国のものだと主張する意味があるのか」と問いかけている格好だ。暗に、「われわれは同じ言語を使っている仲間同士であり、ロシアとウクライナは、同一なのだ」と訴えようとする、プーチン氏の考えがにじみ出ている。

しかし、言語の共通性があれば、その国家の存在を否定してよいなどという考えは妄想に近い。例えば英語が使用されている、または、過去にイギリスの植民地だった経緯を持つ国々は、すべてイギリスと一体の国だとみなされ、侵攻してもよいわけはない。プーチン氏は、ウクライナの文化的遺産を記した本などは「引き続き発刊されるべきだ」とも述べているが、そのような発言をすること自体、ウクライナという国家に対するプーチン氏の強い否定の意思が感じられる。

「主権国家としてのウクライナが存在する余地はない」

そしてプーチン氏は、一九一七年に起きた二度の革命と、一九二二年のソ連の誕生について言及している。ここでプーチン氏は、各共和国が平等な立場でソ連に加わるとしたレーニンの方針を強い調子で批判した。ソ連の憲法に、「各共和国が、自由に連邦から離脱できる権利」が認められたからだ。

プーチン氏はその条項に、「最も危険な、時限爆弾が埋め込まれた」と主張した。この条項が盛り込まれたばかりに、ソ連末期には各国の離脱の「パレードが相次いだ」からだ。一九九一年一二月八日にロシア、ウクライナ、ベラルーシの各共和国首脳が調印した「ベロベージの合意」にも言及し、この合意によりこれらの国々もソ連から離脱し、ソ連が崩壊した経緯に言及した。

プーチン氏はかねて、ソ連崩壊を「二〇世紀最大の地政学的悲劇」と主張してきた。「危険な時限爆弾」との言葉は、そのプーチン氏の主張と一致する。ソ連崩壊を「悲劇」ととらえ、その歴史の修正を目指そうとするプーチン氏の思いがにじむ。

そして現代のウクライナについて言及し、ウクライナはソ連が誕生して以降、ソ連の政策によって拡張を続けてきたと述べ、その領土は本来、「多くの部分は歴史的にロシアだった地域だ」と主張した。ソ連がなぜ、そのようにウクライナに対し「寛大に」土地を供与してきたかについては、「もともと、世界革命を目指し、国境を消滅させることを夢見ていたからだ」と断じた。そして「ひとつの事実は明らかだ。それは、ロシアは明らかに、奪われたのだ」と結論した。奪われた土地――ウクライナの領土――を取り返さねばならない、というのだ。

プーチン氏はさらに、ウクライナをめぐる一方的な見解を続ける。ロシアがクリミアを併合し、ウクライナとの対立が激化した二〇一四年以降も、「ウクライナ人はロシアに仕事を探しに来ており、彼らは歓迎され、支援を受けた。それが〝侵略国〟だというのだ」「本質的に、ウクライナの指導者は自国の独立を、過去を否定することによって、正当化している」「一九三〇年代に起きた飢饉は、ウクライナ人に対するジェノサイド（集団殺害）だと位置付けられた」などとした。

欧米とウクライナの関係をめぐっては、二〇一四年よりはるか以前から、ウクライナが欧米の意向によって「ロシアとの経済協力を制限する方向に押しやられていった」

とし、そのような状況を「ウクライナは、危険な地政学的ゲームに引き込まれていった」と表現している。そのような、「反ロシアプロジェクト」においては、「主権国家としてのウクライナが存在する余地はない」などとし、「本当のウクライナの主権は、ロシアとのパートナーシップを通じてのみ、実現し得る」と主張してみせた。

自国とのパートナーシップによってのみ、主権が達成し得るという言葉には、ウクライナを主権国家として強く否定するプーチン氏の思考があからさまに現れている。プーチン氏はそして、この論文を発表したわずか七カ月後には、ウクライナへの全面侵攻に踏み切った。膨大な数の民間人が殺害され、故郷を追われ、生活の糧を失った。

論文でプーチン氏は、ウクライナをめぐる歴史的経緯を批判しつつ、ウクライナ人に対する賛美ともいえる言葉を連ねていた。しかし、その結果が全面侵攻である。短期間で決着をつけられるとにらんだプーチン氏の思惑とは逆に、戦争はすでに、泥沼に陥っているともいえる。このようなプーチン氏の決断は、狂気と呼ばざるを得ないのではないだろうか。

狂気の果てに

ウクライナ侵攻が始まり、プーチン氏をめぐっては重病説が報じられたり、私兵集団「ワグネル」が反乱を起こしたりするなど、その足元が揺らいだかのように見える局面が幾度かあった。

しかし、プーチン氏は現在も外遊をこなすなど健康体とみられ、ワグネルの反乱も最終的には収束させ、国内の動揺を抑え込んだもようだ。二〇二四年三月にも実施される次期大統領選への出馬を決め、同氏の優位を揺るがすほどの強力な対立候補が現れる可能性は皆無で、この本が出版されたころには、すでに勝利しているだろう。

ただ、そのようなプーチン氏のもとで生活を続けるロシア人の多くは、政治に無関心であるか、またはプロパガンダを正しいと信じて生き続けるか、本心を隠して生きるしかない。

結局プーチン氏の政策は、自国民に限られた自由と一定の生活の保障を提供する以上のものではなく、さらに隣国に対し著しい混乱と生活破壊を招きかねない。

そのようなプーナン氏の、大国のリーダーとしての資質には、強い疑問を投げかけざるを得ない。

第五章 CHAPTER FIVE

屈辱の大統領 ゼレンスキー

ZELENSKYY, THE HUMILIATED PRESIDENT

ウクライナのゼレンスキー大統領と聞いて、皆さんはどのような姿を思い浮かべるだろうか。顎ひげを生やし、カーキ色のTシャツに身を包んで演説をする姿だろうか。もし彼の動画を見たことがあるならば、その低い声も特徴的に感じられたのではないだろうか。

しかし、本来のゼレンスキー氏は、そのような姿とはむしろ縁遠い人物だった。舞台に立つコメディアンであり、表情豊かにダンスを踊り、お茶の間を爆笑の渦に包む話術を兼ね備えていた。

ロシアによる侵攻前に、彼の名を改めてウクライナ社会に知らしめた有名なテレビのシーンは、このような内容だった。

「過酷な人生を強いられるのは選挙のせいだ！　この二五年間、クソみたいな候補者しかいなかった。変わらないのはなぜだと思う？　君も僕も、クソに投票し続けているからさ。ほかの候補者がもっとクソだから仕方がない。政治家はクソばかりだ！　民衆から搾取してウソをつくばかり。同じことの繰り返しだ！」

そう叫ぶゼレンスキー氏の顔には、トレードマークの顎ひげはない。白いワイシャツに青いチョッキ。気弱な歴史の教師を演じるゼレンスキー氏は、自分が行っていた授業が学校の都合で一方的に中断されたことに腹を立てて、そう叫び続けた。そして、その叫びには、多くのウクライナ国民が持つ怒りが凝縮されていた。

これは、ゼレンスキー氏を大統領に押し上げる原動力となったテレビドラマ「国民のしもべ」の重要シーンだ。この様子をスマートフォンで隠し撮りをしていた生徒の仕業で、ゼレンスキー氏が演じる教師は大統領選に出馬するはめになり、そして見事に当選してしまう。濁り切った政界で戦うゼレンスキー氏の姿は、国民の心をとらえた。

映像を見るたびに、まさかこの人物が今、侵略を受けるウクライナの首都キーウにおいて、ロシア軍に徹底抗戦する戦争の指揮を執っているとは考えられなくなる。そして、私もSNS経由で配信される彼の演説を毎晩、キーウのホテルでじっと聞いていたことが、信じられなくなる。

頭の中で、両者が一致しないのだ。ドラマはそれほど痛快で、コメディアン、そして俳優としてのゼレンスキー氏の才能をいかんなく表現していた。

しかしこのドラマは、後に彼を本当に政界に送り出すために、テレビ業界にも君臨した大富豪、ウクライナでいう〝オリガルヒ（新興寡占資本家）〟が利用したことは、ウクライナ国民であれば誰もが疑わないことだ。テレビマンとして成功したゼレンスキー氏のキャリアは、その成功をつかむために、多くの屈辱的な扱いにも耐えた人生だった。

ウクライナで最も成功したエンタメ会社

ヴォロジミル・ゼレンスキー氏は一九七八年一月二五日、まだソ連の一部だったウクライナ南部クリヴィー・リフで生まれた。ソ連の鉄鋼業の中心地のひとつで、父親のオレクサンドルは地域の主要大学でコンピューター分野の学科長を務め、母親のリンマは技術者で、ともにユダヤ人だった。

ソ連時代においては理想的な知識階級の家庭であり、その環境で育ったゼレンスキー氏の幼少時は、おそらく慎ましいながらも、恵まれていただろう。なお、ゼレンスキー氏の祖父は赤軍の兵士として戦っており、曾祖父ら多くの親族は、ナチス・ドイツによるホロコーストで殺されている。

ウクライナ南部は主にロシア語が話される地域であり、ゼレンスキー氏自身もロシア語話者として育った。一方、英語の才能も高く、そのような背景からか、奨学金でイスラエルに留学できるチャンスを得たというが、父親の反対を受け実現しなかった。その理由は定かではないが、ウクライナはそのころソ連崩壊後の混乱期にあり、ゼレンスキー氏の家族も、甚大な影響を受けていたに違いない。

一九九五年に地元の大学に進学し、後に法学部の学位を取得して卒業した。しかし学生時代にゼレンスキー氏は、コメディアンとしての道も歩み始める。

一九九七年、友人たちとともに「クバルタル95（九五街区）」というコメディーグループを結成。この名称は、ゼレンスキー氏が幼少期を過ごしたクリヴィー・リフの中心部の地名から名付けたという。クバルタル95は当時、旧ソ連全土で放映されていた、若者らがコントを競い合う「КВН（おかしな独創性ある人たちのクラブ）」と呼ばれるロシアの番組に出演し、人気を高めていった。

そして二〇〇三年には、ゼレンスキー氏はクバルタル95の名を冠したプロダクション事務所を立ち上げる。クバルタル95はその後、ウクライナで最も成功したエンタメ会社として名をはせることになる。

ゼレンスキー氏は二〇一一年までクバルタル95の芸術監督を務め、同年にはウクライナの主要テレビ局である「インテルTV」の総合プロデューサーに迎え入れられた。翌年にはインテルTVを辞め、別の有力テレビ局である「1+1」と、クバルタル95、そしてゼレンスキー氏の間で、番組の共同制作協力が合意されることになる。

この1+1こそ、後にゼレンスキー氏の大統領選出馬をお膳立てたウクライナの最大規模の財閥を率いる大富豪、イーホル・コロモイスキー氏が保有するテレビ局だった。

ドラマが現実に

ほどなく、ウクライナ政治は大きな転換点を迎えることになる。

二〇一三年一一月に、ロシア寄りの姿勢を鮮明にしていたヤヌコビッチ大統領がヨーロッパ連合（EU）との連合協定の署名を見送ったことを機に、反政権デモが次第に激化していった。二〇一四年二月には、キーウでデモ隊と治安機関の衝突が本格化して多数が死亡。二月二一日にはヤヌコビッチ大統領が東部ハルキウに脱出し、デモ隊は大統領府を占拠した。さらに最高会議（議会）が大統領の罷免を決議したことで、ヤヌコビッチ政権が崩壊した。政変が起きたのだ。

しかし、事態はさらに深刻さを増す。二月末には南部クリミア半島で、正体不明の武装集団が行政府や議会を占拠し、クリミアの議会は突然、ロシアへの編入を問う住民投票実施を決める。

三月一六日には、「ロシアへの編入賛成が九割を超えた」と発表され、一八日にはロシアのプーチン大統領が一方的にクリミアの編入を宣言した。「クリミア併合」が行われたのだ。そして同時に、東部では親ロシア派武装勢力が行政庁舎を占拠し、政府軍との戦闘が激化する。現在まで続く、東部紛争の始まりである。ロシアによる、

ロシアが併合したクリミア半島の港湾都市、セバストポリ（2017年撮影）

ウクライナへの介入が本格化することになる。

二〇一四年五月には、富豪のペトロ・ポロシェンコ氏が大統領選で勝利したが、東部紛争が一向に終結に向かわず、汚職問題なども浮上し、ポロシェンコ政権への国民の信頼は低迷した。

そのようななか、二〇一五年一〇月から放映が開始されたのが、ゼレンスキー氏が主演した前出の「国民のしもべ」だ。政治腐敗を糾弾した平凡な歴史の教師が、ひょんなことから大統領となり、財閥や旧態依然とした政治家らと悪戦苦闘しながら改革を推し進めるこのドラマは大ヒットとなった。「国民のしもべ」はその後、二〇一七年、二〇一九年と、計三シリーズが放映された。

そしてゼレンスキー氏は実際に二〇一九年三月の大統領選に出馬し、三〇%を超える得票を集め、翌月に実施された決選投票で、現職のポロシェンコ大統領に対して圧勝した。ドラマそのものの成功劇だった。

つきまとう財閥の影

しかし、政治家としてゼレンスキー氏の初期の成功の影には、大富豪コロモイスキー氏の姿が常につきまとった。そもそもゼレンスキー氏はなぜ、大統領選に立候補したのだろうか。

コロモイスキー氏はメディア、金融、石油産業で財を成したウクライナのオリガルヒで、その資産規模は六〇億ドルにも達したとされる。

ただ、そのビジネス手法をめぐっては世界から疑念の目が向けられていた。二〇一六年には、同氏が傘下に収める銀行から五五億ドルもの資金が〝消失〟した事実が発覚し、コロモイスキー氏らによる横領が疑われている。イギリスの裁判所は二〇一七年には、同氏の資産の凍結を命じ、アメリカの司法省も二〇二〇年には、同氏が保有するアメリカ国内の不動産の差し押さえを命じた。

コロモイスキー氏は二〇一四年にドニプロペトロウシク州の知事に任命されたが、ポロシェンコ氏と対立して翌年解任された。さらにウクライナに対して金融支援を行っていた国際通貨基金（ＩＭＦ）が、支援の条件として銀行システムの汚職対策強化を求めたことを受け、ウクライナ政府がコロモイスキー氏が保有していたウクライナ最大手の銀行「プリバトバンク」を国有化し、コロモイスキー氏は国外に脱出した。

そのコロモイスキー氏が保有していたテレビ局こそが1＋1であり、ゼレンスキー氏が二〇一九年の大統領選で勝利する、重要な原動力となった。

ゼレンスキー氏は同局と番組制作で協力しており、ドラマ「国民のしもべ」は1＋1で放映されていた。ゼレンスキー氏の大統領選への出馬宣言は、同局の番組内で行われており、さらに大統領選の前日は、同局の番組はゼレンスキー氏が登場するコメディーや、同氏が声優を務めたアメリカのレーガン大統領をめぐるドキュメンタリー番組などが目白押しだったという。レーガン大統領もまた、俳優からアメリカ大統領に上り詰めた人物だ。

ゼレンスキー氏と大統領選を争ったポロシェンコ大統領は、当然この事実を批判した。

「この数週間、私の対立候補（ゼレンスキー氏）は膨大なウソの情報を流し続けた。そして、そのウソの情報を流した源となったのは、1＋1だ。1＋1は、その所有者（コロモイスキー氏）の政治的目的を達成するための、従順なマシンと化した」と述べてゼレンスキー氏と1＋1、そしてその所有者であるコロモイスキー氏を批判した。

ただ、国民の政治不信を覆すには至らなかった。

コロモイスキー氏の誤算

ゼレンスキー、コロモイスキー両氏とも、ゼレンスキー氏がコロモイスキー氏にコントロールされていたという主張を否定する。

しかし、日本在住のウクライナ人政治学者、グレンコ・アンドリー氏は、ゼレンスキー氏がコロモイスキー氏によりコントロールされていたことは「ウクライナでは公然の事実だった」と指摘する。ゼレンスキー氏は、「雇われ主の希望に沿って、ギャグのパフォーマンスを行っていた。コロモイスキー氏の私的なパーティーに呼ばれ、バカな踊りを踊ったりもしていた」と述べ、その関係は極めて従属的だったと語る。

コロモイスキー氏はポロシェンコ大統領と対立し、二〇一六年以降は事実上の海外逃亡生活を送っていたが、ゼレンスキー氏は大統領に就任するまでの約二年間で、コロモイスキー氏が滞在していたスイス・ジュネーブとイスラエル・テルアビブを、一四回も訪問していたとも報じられている。

グレンコ氏は「コロモイスキー氏は、自分が完全に支配している議会の会派が欲しかった。だから、ゼレンスキー氏にドラマを作らせて、彼の人気を高めた後に、政党の党首にする考えだったのだ」と語る。その上で、「ポロシェンコ大統領を追い出し、ティモシェンコ元首相を大統領にした後に、ゼレンスキー氏とティモシェンコ氏の政党で連立を組ませる思惑だった」という。

ただ、事態はその後、コロモイスキー氏の思惑から〝ずれ〟が生まれていく。ゼレンスキー氏が大統領選で勝利してしまった上、ゼレンスキー氏の新党「国民のしもべ」も、同年七月に行われた議会選で圧勝し、単独過半数の議席数を獲得してしまったためだ。グレンコ氏によれば、「コロモイスキー氏は、国民のしもべが三番手ぐらいの票数を集めることを想定していた」と指摘する。しかし、「議会で単独過半数となったことで、完全な〝傀儡〟にはできなくなった。さらにゼレンスキー氏は大統領となっており、コロモイスキー氏は、ゼレンスキー氏をコントロールできなくなった」という。

ゼレンスキー氏は二〇一九年五月に、ウクライナ大統領に就任する。しかしゼレンスキー氏は当初、ヨーロッパとの統合を目指す方針を訴える一方で、ロシアに対しては、対話を進める姿勢を示すなど、融和的な対応をみせた。就任当時、ゼレンスキー氏の姿勢にはわかりにくさがあったことは否めない。

そのようなゼレンスキー政権の姿勢に対し、ロシアは容赦しなかった。親ロシア派支配下のウクライナ東部住民に対してロシア国籍のパスポートを付与する動きを強め、ウクライナの〝分断〟を加速させた。一方で、ゼレンスキー氏自身も、ウクライナ国内において政治腐敗の払拭や、経済の回復で目立った成果を出せなかったことから、国民の政権への支持率は低迷していった。

しかし、そのようなゼレンスキー氏を取り巻く状況は、二〇二二年二月のロシアによるウクライナ侵攻を機に大きく変化した。ゼレンスキー氏はロシアへの徹底抗戦の姿勢を固め、軍事力で数倍の差があるロシアに対抗し続けている。

「交渉の席に着けば、ゼレンスキー政権は三日と持たない」

ロシアに対するゼレンスキー氏の強い姿勢はどこから生まれてくるのか。大統領就任当初には、ロシアに対し融和的な姿勢を取ろうとした事実から見ても、これは、決してゼレンスキー氏本人だけの意思によるものではない。むしろそれは、強固な国民感情が背景にある。ウクライナの専門家は、その強い国民の意思に反すれば、ゼレンスキー政権は「三日と持たない」と断言する。

キーウ滞在中の二〇二二年一一月、私はウクライナ国立航空大学の教授で、ウクライナ情勢をめぐり情報発信を続けるマクシム・ヤリ氏にインタビューを行った。

ヤリ氏は「日本の方に理解してほしいのは、ウクライナ人には、ゼレンスキーという人物がいようがいまいが、ロシアと妥協するという考えはないということだ」と述べ、ゼレンスキー政権が取るロシアに対する強硬な姿勢は、ウクライナ人の考え方を反映しているに過ぎないと指摘した。

妥協は不可能であると語る、ウクライナ国立航空大学教授のマクシム・ヤリ氏

ヤリ氏はその理由を、このように説明した。
「もしゼレンスキーがプーチンの要求に応じて交渉の席に着こうものなら、それは彼の政治家としての〝終わり〟を意味する。ゼレンスキーは、ウクライナ人の手によって、このウクライナで殺されるだろう。政権は三日と持たない」

「それが、ウクライナとロシアの決定的な違いだ。ウクライナは市民社会が極めて強い。この戦争では、極めて多くのウクライナの人々が殺された。明らかに、一〇万人以上が殺されている。マリウポリだけで八万人以上の民間人が亡くなっている。妥協など、あり得ない。ロシアはすでに、超えてはいけないレッドラインを超えたのだ」

膨大な数の人々がこの戦争で亡くなったという事実が、ロシアに対する国民の感情を決定付けているというのだ。

「ゼレンスキー氏も、ほかの政権幹部も、個人的な意見を述べているのではない。彼らは、政権に対する九〇％の支持率の背景にある、ウクライナ人の意見を代弁しているに過ぎない。ロシアによる新たな領土の併合などあり得ない。交渉はしてもいいだろう。しかし、ドネツク、ルハンシク、ザポリージャ、ヘルソン州について話し合うことなどない。ウクライナ人には、まったく受け入れられない」

「彼がロシアの、プーチンの提示する条件に応じれば、それは妥協と同義だ。われわれは、ヘルソン州で成功を収めた（州都ヘルソンを奪還した）。ウクライナ北部も奪還した。このような成功を収めたことも、ウクライナが妥協を受け入れない背景にある。戦って、戦って、戦うだけだ。プーチンとの、どのような妥協も、ウクライナの破綻を意味する」

ヤリ氏の主張は、明確だった。そして、その後のウクライナの徹底抗戦の流れを見ても、彼の主張には十分な説得力がある。

「二〇二四年の失敗を繰り返さない」

二〇二二年一〇月時点で、キーウ国際社会学研究所が実施した調査ではウクライナ国民の八六％が「ロシア軍による都市への攻撃が続いても、軍事的抵抗を続けるべき」との回答を選んでいた。それから一年弱がたった二〇二三年八月時点においても、同研究所幹部は現地紙のインタビューに対し、ウクライナ国民の九割が、領土をめぐるロシアとの妥協に反対していると指摘していた。

領土問題をめぐる争いというと、どうしてもウクライナ人が特別に強硬的であるかのような印象を与えかねない。しかし、その彼らの強い意志の背景には、家族や知人など、周辺にいる多くの人々がまったく不合理な理由で犠牲になった事実がある。

ヤリ氏もまた、ロシア軍によって徹底的な破壊を受けたマリウポリ出身だった。インタビューを行ったのは小さなレストランだったが、このとき偶然にも隣の席で、マリウポリから避難してきた人々がテーブルを囲んでいた。

ロシア軍による破壊は徹底されており、逃げ出せた人もいれば、逃げ出せずに多くの人々が戦争の巻き添えとなった。もしくは生き残ったものの、ロシアの占領下での生活を余儀なくされている人もいる。彼らにとって、その故郷をあきらめて捨てるなどということは、あり得ない判断に違いない。

また、ウクライナの人々の多くに共通していた意見が、「二〇一四年の失敗を繰り返さない」という点であった。二〇一四年とは、ロシアがクリミア半島を併合し、東部で紛争が勃発した年だ。当時、国際社会はロシアに対して極めて弱い制裁を行ったのみで、ロシアを食い止める結果にはならなかった。今回の全面侵攻に対しては、欧米諸国はロシアに対し相次ぎ経済制裁を実行し、ウクライナに対する軍事支援も行っている。プーチン大統領が、ウクライナの全面降伏を狙っているのは明らかで、多くの国々がウクライナ支援に回ったこの機を逃せば、ウクライナが国としても、民族としても、抹殺される危機にあることを彼らは鮮明に理解している。

世界を巻き込む情報発信力

ロシア軍の全面侵攻を受け、即座に降伏、または国外脱出するとみられたゼレンスキー氏は、ウクライナにとどまり続けた。動画を配信して国民を鼓舞し、それに呼応するかのようにウクライナ軍は善戦を続け、開戦から二カ月後にはキーウ周辺からロシア軍を撤退させるなど、世界を驚かせた。

世界中が注目したのが、ゼレンスキー氏の高い情報発信力だった。それはSNSでの情報発信や、オンラインでの海外での活発な演説活動であった。これらが国内外の人々の心をつかみ、ウクライナへの国際的な支援が集まる大きな要因となった。

ゼレンスキー氏は開戦から約一カ月という短期間で、アメリカ、イギリス、フランス、ドイツ、カナダ、イタリア、日本の主要七カ国（G7）の議会で、オンライン演説をこなした。オンラインという手法を用いなければ、戦争で侵攻を受けた国の大統領が海外で連続して演説を行うなど、決してできることではない。各国は前代未聞の手法に戸惑ったが、懸命に対応した。さらに、ゼレンスキー氏の雄弁さも重要だった。

各国の歴史や文化を踏まえ、聴衆にウクライナの現状を訴えるゼレンスキー氏の演説は、各国のリーダーやその国民の心を揺さぶった。

ゼレンスキー氏の演説には、どのような特徴があるのか。以下は、アメリカ議会で行った演説内容だ。

「パールハーバー（真珠湾）を思い出してください。一九四一年一二月七日の恐ろしい朝でした。あなたたちを攻撃してきた飛行機のせいで、空が真っ暗になったとき。それをただ思い出してほしいのです」

「九月一一日を思い出してください。二〇〇一年の恐ろしい日のことです。〝悪〟が、あなたの街を戦場に変えようとしたときのことです。罪のない人々が攻撃されたのです。空から、攻撃されたのです。誰も予想ができない形で」

二〇二二年三月一六日、開戦から三週間後のタイミングで、ゼレンスキー氏はアメリカ議会でオンライン演説を行った。その言葉は、アメリカの歴史と国民感情に訴える、入念に練られた内容だった。

「私は勇敢で、自由を愛するウクライナの市民の代表として演説できることを光栄に思います。ウクライナ人は、八年ものあいだ、ロシアからの侵略に抵抗し続けているのです。彼らは、ロシアによる全面侵略を阻止するために、もっとも大切な子供たち、つまり息子や娘たちを、送り出しているのです」

「今このときに、私たちの国の運命が決定されようとしているのです。わが民族の運命が、です。ウクライナ人が自由を手に入れることができるかが、決まろうとしています。わが国の国民が、民主主義を守ることができるかが、決められようとしているのです」

ウクライナの国民が、自身が最も大切にするもの。つまりそれは、〝子供たち〟であり、その子供たちを〝戦場〟に送り出していると訴え、さらにその目的は、「自由と、民主主義を守ることにある」と語りかけた。「自由と民主主義」とは、アメリカで最も重要とされる価値である。

「ロシア軍はすでに、一〇〇〇発以上のミサイルをウクライナに撃ち込みました。そして、数えきれないほどの空爆を実施しました。これは、ヨーロッパで過去八〇年、見ることができなかったテロです」

「私たちは、答えを求めているのです。世界からの答えです。テロに対する答えです。これは、行き過ぎた要求なのでしょうか」

こう語り、ゼレンスキー氏はウクライナ上空の飛行禁止区域の設定、防衛システムの提供、戦闘機の供与を求めた。そして、こう続けた。

「〝私には夢がある〟。皆さんは、この言葉を知っています。そして私が本日伝えたいのは、この言葉です。〝私には必要とするものがある〟。つまりそれは、私たちの空を守ってくれること。そのような、あなた方の決意、そして支援なのです」

「最後に総括をさせてください。それは今日、一国のリーダーになるだけでは十分ではないということです。世界のリーダーになることに意味があり、そして世界のリーダーであるということは、平和のリーダーであるということなのです」

「わが国のリーダーとして、バイデン大統領に申し上げたい。あなたは、偉大な国のリーダーです。あなたが、世界のリーダーになることを望んでいます。そして、世界のリーダーになるということは、平和のリーダーであるということなのです」

ロシア軍の猛攻を受け続けるキーウにとどまりながら、同氏のチームがこの演説を必死に用意したことは想像に難くなかった。カーキ色のTシャツ姿で、無精ひげを生やしながら、オンラインで演説するゼレンスキー氏の姿は世界の注目と、強い支持を生み出していった。

このようなゼレンスキー氏に対し、ロシアのプーチン大統領は国内メディアを弾圧し、徹底的な情報統制を敷いた。その強い対比も、ゼレンスキー氏の優れた情報発信能力を際立たせていった。

「『人影の石』となる危機に陥った国から来た」

オンラインの演説だけではない。ゼレンスキー氏は開戦から約一〇カ月が経ったころから、次第に国外にも出て、ウクライナへの支持を訴えていった。その訪問先はG7諸国やヨーロッパ各国、国連、中東などだった。そして日本国民に最も強い印象を与えたのが、二〇二三年五月の広島訪問だろう。

「親愛なる日本国民の皆さん。平和を大切にする、世界の皆さん。私は（原爆による強烈な熱線で焼き付けられた）『人影の石』となる危機に陥った国から来ました」

二〇二三年五月一九日から開催された主要七カ国首脳会議（G7サミット）。ウクライナの首都キーウから八〇〇〇キロメートル離れた広島でのG7に電撃参加したゼレンスキー氏は、日本、そして広島の歴史に寄り沿うように、演説を切り出した。

「今、ウクライナは破滅的な戦争の中心にあります。侵略者はウクライナ人を支配下に置くだけでなく、ウクライナ人そのものが存在しないのだと世界に嘘をついているのです。ウクライナ人が勇敢でなければ、ウクライナがあったところに〝人影の石〟だけが残っていたかもしれません」

「今、広島の街は再建されました。そして私は、ウクライナの再生を夢見ています。領土の奪還を夢みています。〝北方領土（キーウ北方の地域）〟を奪還したのと同様、東と南の領土も奪還したいのです」

「広島では今、街角にウクライナ国旗の色が見えます。これは、ウクライナに対する信頼の表れです。日本の皆さんと岸田文雄首相に感謝申し上げます。戦争の犠牲になったすべての人が安らかに眠れるように祈ります。平和になりますように。ウクライナに栄光あれ」ゼレンスキー氏が日本に滞在したのは、わずか三〇時間。その一挙手一投足が日本、そして世界のメディアの注目の的となった。〝劇場型〟ともいえるゼレンスキー氏の巧みな外交手腕を象徴して余りあった。

極秘裏の訪日計画

日本が大きく関わったゼレンスキー氏の訪日の舞台裏とは、どのようなものだったのだろうか。

「一八日に申し上げたことに、現時点で付け加えることはない」

サミット初日を終えた、ホスト国である日本の岸田首相は、記者団にそう言ってゼレンスキー氏の来日観測を打ち消した。しかし、このときゼレンスキー氏の訪日への準備は最終段階にあった。

二〇二三年三月に岸田首相がウクライナを訪問した際、ゼレンスキー氏はG7にオンラインで参加する意向を伝えていた。しかし、ウクライナ側からゼレンスキー氏の対面での参加の意向が、四月下旬に伝えられた。ロシアに対する反攻作戦を本格させる直前だったゼレンスキー氏は、G7の首脳に直接支援を訴え、さらにはロシアとのつながりが深い新興国の首脳をウクライナ側に引き入れたいとの思惑があった。

ゼレンスキー氏の意向に岸田首相は同意した。そこから、戦時中の国のトップをG

7に招くという、異例の取り組みの準備が始まった。

G7サミットには、ロシアの侵攻に対して中立的な立場をとるインド、ブラジルなどの首脳も参加を予定していた。情報が事前に漏れれば、それらの国々のトップが訪日をキャンセルする危険性もあった。

それでも日本側がゼレンスキー氏の意向に応じた背景には、ロシアによる核攻撃の脅威にさらされるウクライナの首脳であるゼレンスキー氏を被爆地・広島に招くことができれば、〝核兵器のない世界〟を目指すというメッセージを、広島から世界に向けて強く発信できるとの思惑があった。

一九日にはウクライナのダニロフ国家安全保障防衛会議書記がゼレンスキー氏の訪日を認め、日本政府も二〇日、ゼレンスキー氏のサミット出席を正式に発表した。ゼレンスキー氏はサミット最終日の二一日に出席すると伝えられたが、サミットでは首脳宣言が最終日ではなく、ゼレンスキー氏出席の前日である二〇日に発表された。ゼレンスキー氏の出席とぶつからないよう、G7側が配慮したためとみられている。ゼレンスキー氏はまさに、G7の主賓だった。

その中で、ゼレンスキー氏はスタートから、参加国を味方につける外交手腕を見せた。訪日のために使われた航空機が、フランス政府専用機だったのだ。

　このときフランスのマクロン大統領は、ロシアと連携する中国を四月に訪問するなど、他のG7各国とは足並みの〝ずれ〟が指摘されていた。しかしゼレンスキー氏はフランスの政府専用機をあえて使うことで、マクロン大統領の顔を立てたとの見方が出ている。マクロン大統領はゼレンスキー氏の訪日を受けて、「広島に、フランス色の飛行機が到着した」とSNSで表明してみせた。フランスがゼレンスキー氏のG7出席に貢献した点を、マクロン大統領はアピールしたのだ。

　ゼレンスキー氏は二〇日午後四時半ごろにサミット会場だった宇品島に入り、そこからイタリア、イギリス、インド、フランス、ドイツなどの首脳と一気に会談をこなしていった。

　注目されたのはインドのモディ首相との会談だった。ロシアとの関係を重視する国が多い「グローバルサウス」の盟主を自負するインドは、ロシアから大量の原油を輸入し、同国経済を事実上、支えていた。しかし、ゼレンスキー氏との首脳会談でモディ首相は「ウクライナでの戦争は、単に経済や政治の問題というだけでなく、人道の問題でもある」「戦争を終わらせるために、どのようなこともする」と発言し、ウクライナに寄り沿う姿勢を示した。

ゼレンスキー氏は、翌二一日にはG7首脳との討議に参加し、さらにアメリカのバイデン大統領と会談した。バイデン大統領は「すべてのG7とともにウクライナを支援し、どこにも行かない」と述べて、ウクライナへの継続的な支援を続ける姿勢を強調した。

会談に先立ち、ウクライナはかねて切望していたF16戦闘機の供与を、アメリカの同盟国から受けることへの容認をアメリカ側から取り付けていた。F16の供与をめぐっては、アメリカはロシアとの対立激化を懸念して躊躇していたとされるが、首脳会談の機会を受けて供与容認に踏み切ったとみられる。これもゼレンスキー氏のG7サミット出席の成果といってよかった。

ゼレンスキー氏は次いで、平和記念公園を訪れ、原爆資料館を訪れた後に日本の岸田首相とともに原爆死没者慰霊碑に献花した。資料館での記帳では「現代の世界に、核兵器による脅迫の場所はない」と記し、ザポリージャ原発を占拠し、核兵器の使用も辞さない姿勢を示すロシアを非難した。資料館で見た広島の写真をめぐり、ウクライナ東部の激戦地である「バフムトを思い起こさせる」と述べるなど、広島とウクライナの現状を対比させながら、国際社会にロシアの非道さを訴えていった。

わずか三〇時間の滞在で、ゼレンスキー氏はG7との結束強化、さらに新興国の切り崩しにも一定の成果を得た。主要国が足並みをそろえて、ウクライナに対する軍事支援の強化に踏み切ったことも成果だった。記者会見後の二一日夜に広島を出発したゼレンスキー氏は、「世界は私たちに耳を傾けてくれた」とSNSに投稿し、訪日の手応えを語った。サミットは文字通り、ゼレンスキー氏の独壇場となった。

汚職というウクライナの宿痾

ゼレンスキー政権は、国民の強い支持と、欧米諸国の支援を取り付けている。しかし、戦争が長期化するなか、ウクライナが抱える宿痾ともいえる問題が、政権の足元を揺さぶりつつあるのも事実だ。ウクライナで蔓延していた汚職体質が、軍や政府内においても、再び頭をもたげている。

ゼレンスキー政権は、違法行為の徹底的な摘発や、人事の入れ替えによる事態の打開を図ろうとしている。しかし汚職の問題は、国内の厭戦機運を否応なく高める上、国際社会によるウクライナへの支援の継続にも支障を及ぼしかねない重大問題だ。

「俺は何も知らない。俺は何も買っていない。もう、十分説明しただろう。俺は関係ない。俺の親類がスペインで土地を買ったかどうかなど、聞いていない」

ウクライナ南部オデッサ州で、「徴兵事務所」のトップを務めるイェベン・ボリソフ軍事委員は現地メディアの取材に、そう語るのが精いっぱいだったという。二〇二三年六月の現地紙「ウクラインスカヤ・プラウダ」の報道だった。

一体何が起きたのか。委員は、男性が徴兵を逃れるために「重い病気に罹患している」などと〝ウソ〟の証明を行う「兵役免除証明書」を発行する斡旋ビジネスで、巨額の利益を得ていたのだ。さらにその利益で、親族らがスペインで四〇〇〇万ドル相当の別荘や高級自動車を購入していた事実も発覚した。温暖な気候のスペインは、ウクライナ人にとってあこがれの土地だ。

黒海沿岸にあるオデッサ州は、ロシア軍が占領するクリミア半島を対岸に臨むウクライナの重要拠点で、ロシア軍によるミサイル攻撃に苦しめられている地域だ。そのような州で、このような不正が堂々と行われていた事実は、国民に強い衝撃を与えた。同委員はその後逮捕され、解任されたが、類似の事件は相次ぎ発覚している。

ゼレンスキー氏は八月、国内のすべての州の軍事委員を解任する荒療治に打って出た。徴兵での不正をめぐり、一一二件もの刑事手続きが行われているとも表明した。兵役免除証明書の提出が、二〇二二年二月の開戦時と比べて一〇倍以上に膨らんだ州もあるという。違法な証明書の取得には、三〇〇〇～一万五〇〇〇ドルが支払われているとも明かした。

ゼレンスキー氏は「徴兵の業務については、前線で戦い、健康と、足を失いながらも、ウクライナの尊厳を守った人々が就くことこそが望ましい」と主張し、負傷兵らに寄り沿う姿勢を強調した。ただ、そこまで言わねばならないのは、このような不正が戦況とウクライナの国内状況に取り返しのつかないダメージを与えかねないことをゼレンスキー氏自身が熟知しているからにほかならない。自国軍内での不正の蔓延は、国民の士気に甚大な影響を及ぼすのは必至だ。

ウクライナ軍や政府をめぐる汚職事件は、二〇二三年に入って以降、表面化するケースが増えている。一月には、ウクライナ国防省による軍用食料の調達をめぐり、特定企業から不当に高い価格で食料を調達し、三〇〇万ドル以上が着服されていたと報じられた。同月にはさらに、インフラ発展省の次官が、発電機を含む支援物資の購入に充てられる資金を横領した事件も発覚した。同次官もまた、企業と共謀して物資の購入金額を不当に吊り上げ、四〇万ドルあまりを着服していたという。次官のオフィスでは、大量のドルやウクライナの通貨であるフリヴニャの紙幣が発見された。

ゼレンスキー氏は「(政府関係者が汚職で巨額の利益を得ていた)過去にはもう戻らない」と強調したが、厳冬期にロシア軍の攻撃で電力を奪われる国民を守るための発電機の購入費用が汚職で消えていたという事実は、政府内の汚職の深刻さを物語って余りあった。

国民の不満が高まるなか、ゼレンスキー氏は二〇二三年九月上旬には、オレクシー・レズニコフ国防相の解任に踏み切った。レズニコフ国防相をめぐっては、一月に軍の食料調達をめぐる汚職が発覚した際も解任が取りざたされたが、ゼレンスキー氏が留任を求めたとされる人物だった。

レズニコフ国防相は二〇二二年二月のロシアによる侵攻開始当初からゼレンスキー政権を支え、海外からの軍事支援の確保などでも優れた手腕を振るったとされる。ただ、相次ぐ不正に対する国内外の視線が厳しくなるなか、解任に踏み切らざるを得なかったもようだ。ゼレンスキー氏は九月に、国防省の次官六人全員を解任している。

ウクライナ兵の死傷者、二〇万人

戦争が長期化するなか、開戦当初と同様に国民の戦意を維持するのは困難であることは容易に想像がつく。その結果、徴兵が思うように進まない実態が浮かび上がっている。このような事態は、ウクライナ軍の弱体化に直結する。

そのためウクライナ政府は二〇二三年八月から、徴兵を推進するための新たなキャンペーンを開始した。男性らに、徴兵事務所に足を運んでもらうことを促進するためのものだが、キャンペーンが掲げたスローガンは「勇気は、恐怖を乗り越える」だった。国民を鼓舞することに、ウクライナ政府が苦心し始めている状況が見て取れる。

マリャル国防次官は「徴兵事務所を訪れた人のすべてが徴兵されるわけではない。徴兵されたとしても、誰もが前線に行くわけではない」と強調したが、そのような説明をせざるを得ない事実に、ウクライナ軍をめぐる厳しい状況が垣間見える。

ロシアとの終わりの見えない戦争に巻き込まれるなか、賄賂を支払える財力のある家庭の子弟が徴兵を逃れ、その金で徴兵事務所の要人らが私腹を肥やしていたという事実は、そのような家庭に〝恵まれなかった〟若者らの心に、どのような傷を負わせるかは想像に難くない。

ウクライナ軍は二〇二三年六月から反転攻勢を開始し、南部を中心にロシアによる占領地の奪還作戦を進めている。しかし、ロシア軍の激しい抵抗を受けるなか、戦闘における犠牲者は増大している。開戦から一年半を経た八月下旬、アメリカメディアはウクライナ軍の死傷者数が約二〇万人、ロシア軍は約三〇万人に達したとのアメリカ軍関係者の証言を報じた。想像を絶する数の兵士らが犠牲になっている。

ウクライナの汚職問題は、同国の最大の支援国であるアメリカの動きも躊躇させている。アメリカ政府はウクライナの汚職問題を監視するチームを派遣したとも報じられているが、事態が改善しなければ、アメリカだけでなく、ヨーロッパ諸国や日本などでも、ウクライナ支援への疑問の声が高まる可能性がある。

欧米の支援が滞れば、ウクライナ軍はロシアとの戦いでさらに厳しい状況に追い込まれるのは必至だ。国民の強い支持を背景にロシアと戦い、巧みな情報発信で世界を巻き込んできたゼレンスキー氏だが、国内の汚職問題は、そのアキレス腱になりかねない危険性をはらんでいる。

エピローグ EPILOGUE

「まだ、建設業者が決まらない。このままいったら、最後はテントで出展するかもね」

二〇二三年一一月、大阪市内では二〇二五年大阪・関西万博のパビリオン出展国を対象にした大がかりな説明会が開催されていた。その担当記者でもある私は、あるヨーロッパの国の出展担当者から、そんな投げやりな言葉を聞いた。

このとき、大阪・関西万博は危機的な状況に陥っていた。創意工夫を凝らした各国のパビリオンが彩るはずの万博だが、大型パビリオンを出展する予定の六〇カ国のうち、その約半数はパビリオンを建設してくれるゼネコンが見つからないというのだ。要因のひとつには、ロシアのウクライナ侵攻を背景にした急激な資材高があった。

約一五〇カ国が集まったこの説明会に、ロシア、ウクライナからの参加者はいなかった。両国とも参加は困難視されている。ただ、間違いなくすべての国が、ウクライナ危機の影響を色濃く受けていた。

キーウに住む母親が息子の戦死を嘆くことも、モスクワの高校生が戦争に連れていかれる可能性に怯えていることも、決して彼らだけの問題では終わらない。ウクライナ戦争は燃料、食糧などの価格高騰を背景にした世界的なインフレ、さらには南北間の新たな断絶、そして新たな核戦争の脅威を引き起こしながら、世界中を巻き込み続けている。その影響は、国際社会に広がり続け、すでに修復することが困難とすら思わせる、多くの傷と分断をもたらしている。

武器となった穀物

ロシアは自国が保有する莫大な資源を利用し、〝友好国〟と〝非友好国〟を選別する脅しともいえる手法を使いながら、その多くは社会基盤がぜい弱な、「グローバル・サウス」と呼ばれる国々を自陣営に取り込みつつある。世界的なエネルギー価格の高騰、止まらないインフレを目の前に、多くの国はなすすべなく、ロシアに対する批判のトーンを落としつつある。

しかしそのようなプーチン大統領の手法からは、国際社会の安定と発展に寄与しようという大国のリーダーとしての責任感は伝わってこない。「ウクライナ」という目標を手中に収めるためには、どのような手段も厭わないという、大国のエゴそのものともいえる姿がそこにはある。そのようなロシアの行動は、国際社会に深い禍根を残すばかりか、ロシアに対しても今後、厳しい痛手となって跳ね返るのは確実だ。

「私たちは、安定的に食糧が供給されることが、アフリカにとりどれほど重要なことなのかを理解している。これは各国にとり、社会、経済だけでなく、政治的安定性ももたらすものだ」

「われわれはブルキナファソ、ジンバブエ、マリ、ソマリア、中央アフリカ共和国、エリトリアに、最大五万トンの穀物を無償で供与する。輸送も無償だ」

二〇二三年七月にサンクトペテルブルクで開催されたロシア・アフリカ首脳会議で、プーチン大統領が参加したアフリカ諸国の代表の前でそう強調すると、会場からは拍手が巻き起こった。ただ、拍手を送るアフリカの人々の表情は、どこか険しく、硬かった。

世界最大規模の穀物生産国であるロシアは、その輸出を〝武器〟のように活用し、国際社会を切り崩す姿勢を鮮明にしている。廉価なロシア産の穀物に頼る、社会・経済基盤が弱いアフリカ諸国は、その格好のターゲットとなっている。

戦争が引き起こした食糧危機。その手綱を握るのはロシアだ。その影響を受けるのはアフリカだけではない。

食糧市場がひっ迫すれば、中東や南アジアなど食糧生産基盤がぜい弱な国々の経済、社会、さらには政治体制も揺るがす事態につながりかねない。その波は、日本にも確実に影響を及ぼしつつある。

「農地への攻撃はロシアの〝戦略的なツール〟」

ロシア・アフリカ首脳会議に約二カ月先立つ二〇二三年五月一二日。南アフリカのラマポーザ大統領との電話会談でも、プーチン大統領は「アフリカ諸国に対しては、大量の穀物と肥料を送る準備がある。一部は無償で送る用意がある」と提案していた。

二人の会談が行われたのは、同月一九日に広島市でG７が開幕する直前のタイミングだった。プーチン大統領の言動には、対ロシアでインドやブラジルなどの「グローバル・サウス」を代表する国々を引き寄せようとするG７諸国に対抗するために、アフリカ諸国を引き込む狙いが色濃く窺えた。

南アフリカをめぐっては、在南アフリカのアメリカ大使が「南アフリカがロシアに秘密裏に武器や弾薬を提供したとの情報がある」と指摘し、国際社会に衝撃を与えたばかりだった。ラマポーザ大統領はまた、国際刑事裁判所（ＩＣＣ）からプーチン大統領の逮捕状が出されるなか、ＩＣＣからの脱退を示唆するなど、極端にロシア寄りの姿勢を示すことで知られた。プーチン大統領は食糧供給というカードを使い、ラマポーザ大統領の〝救済〟に即座に動いた格好だ。

多くのアフリカ諸国は冷戦時代、ソ連による政治的、経済的支援を受けた経緯があり、南アフリカについてもそれは同様だ。欧米による植民地支配に苦しめられたアフリカ諸国が国連などの場で、ロシアに同調する姿勢を示すのは決して故なきことではない。

しかし、そのようなソ連、ロシアとの歴史的な結び付きだけが、アフリカ諸国をロシアとの協調に導いているわけでは決してない。

アメリカのシンクタンク「国際食料政策研究所」は二〇二二年の報告書で、サハラ砂漠以南のアフリカや南アジアを中心とした世界の少なくとも三六カ国が重大な飢餓に直面しており、その主要な理由がロシアによるウクライナ侵攻が食料や燃料価格高騰を招いたことにあると指摘した。またアメリカ・ワシントンを拠点とする「アフリカ戦略研究センター」は、アフリカにおいて消費される穀物の三〇％はロシアから輸入されており、その九五％が小麦だと報告している。ロシアからの小麦の供給は、アフリカ諸国の社会、経済に甚大な影響を与え得る。

アフリカ諸国はさらに、ウクライナ産の穀物にも深く依存している。ロシアによる侵攻を受け、ウクライナ産の穀物が輸出できない状況も、アフリカ諸国の食糧事情の悪化に拍車をかけている。

侵攻開始直後の二〇二二年三月、私のオンラインインタビューに応じたウクライナのタラス・ゾーバ農業食料副大臣は、ロシアによる侵攻で農地の占領や地雷の敷設、攻撃による荒廃が進んでいると指摘した。その上で、ロシアの行為は「間違いなく、世界の食料価格を押し上げ、インフレを引き起こす」とし、さらに「ロシアは農地への攻撃を〝戦略的なツール〟として利用しようとしている。ロシアは自国とウクライナ双方の農業市場を使うことで、新たな国際秩序を作り出す狙いだ」と語っていた。

インタビューを実施したのは、侵攻が始まってまだ二〇日余りのタイミングで、「論理的だが、そこまでロシアは計算してウクライナを攻撃しているのだろうか」というのが私の率直な思いだった。しかし、その後の状況を見れば、彼の言っていたことは極めて正確だった。

ロシアはウクライナの農地の占領や地雷の敷設だけでなく、さらにウクライナ南部の黒海周辺の主要港の占領や、黒海の封鎖などを通じ、ウクライナ産穀物の輸出を妨害する戦略も行っている。ロシアは二〇二二年七月に、トルコと国連の仲介により、黒海を通じたウクライナ産穀物の輸出に合意したが、その後も一方的に履行を停止するなどしてウクライナと国際社会を揺さぶり続けた。そして二〇二三年七月、ロシアは合意から離脱した。同年一二月現在、合意復活のめどは立っていない。

アフリカで力を蓄えた「ワグネル」

ロシアがアフリカを自陣営に取り込むツールとして利用しているのは、穀物輸出だけではない。

二〇二二年三月以降、ロシアによるウクライナ侵略を非難する趣旨で実施された五度の国連決議において、すべての決議で棄権、または反対したアフリカ諸国は中央アフリカ共和国、マリ、スーダンだった。カーネギー国際平和基金は、これら三カ国はいずれも政権基盤が弱い一方、ロシアによる軍事支援や、ロシアの私兵集団「ワグネル」の支援を受けて政権を維持している国々だと指摘した。

ワグネルは、ウクライナ東部での作戦でロシア軍を支えた私兵集団だ。後にプーチン政権への反乱を企て、そのリーダーであるプリゴジン氏が死亡するなど紆余曲折があったが、ロシアにおいて事実上、国軍と同様の立場にあったワグネルが力を蓄えることができたのは、アフリカでの活動が背景にあった。

例えばスーダンでは、ロシアは軍事支援の提供と引き換えに、スーダン国内に埋蔵された金鉱山への利権を得ていた実態が明らかになっている。二〇一四年のクリミア併合以降、国際的な制裁を受けるロシアが、スーダンの金を調達することで経済の下支えに役立てていた可能性もある。ワグネルは、マリや中央アフリカ共和国においても、国軍への支援を提供していたとみられている。

ソ連崩壊後、エリツィン政権下のロシアは、アフリカ大陸の多くの国々に対する軍事支援から手を引いたが、プーチン政権は旧ソ連時代の軍事支援対象国との関係回復に動いた。ロシアと軍事協定を締結したり、国内の争乱を受けてロシアに軍事支援を要請したりする国も少なくない。さらに、ロシア製の武器に頼る国も数多く、アフリカ市場で出回る武器の実に約半数はロシア製ともいわれる。このように、軍事面でロシアと緊密な国々の多くは、国連での対ロシア決議で棄権や反対をするなど、ロシア寄りの姿勢を鮮明にしている。

アフリカは国連総会の場では五四票を有するなど存在感が強く、ロシアに融和的な姿勢を示す中国やインドなども出席する国連では、アフリカ諸国を味方につけることで、ロシアはさらに国際社会からの孤立イメージを抑えることができる。

前出の「アフリカ戦略研究センター」が二〇二三年一月に発表したレポートによれば、実際のところ、ロシア・アフリカ間の貿易額はロシア・ヨーロッパ連合（EU）間の二〇分の一程度しかなかったという。さらにワグネルが関与したアフリカ諸国では、逆に暴力が過激化している実態も伝えられている。ロシアによる関与が、各国の発展につながっているかには強い疑問がある。

しかし、それでもアフリカがロシアとの関係を弱めることは困難だ。食糧という命綱を握られている以上、アフリカだけでなく、その他多くの国々は、ロシアの意向を無視することはできない。武器、食糧という国を支える根幹を握ることで、ロシアは確実にそれらの国々をコントロールし続けている。

前のめりに中国との関係を演出

ウクライナ侵攻以後、ロシアは政治、経済の両面で中国への接近を強めている。ロシアの対中接近は、二〇一四年のクリミア併合を受けてロシアと欧米諸国との対立が深まって以降、顕著になっていた。だが、二〇二二年二月のウクライナへの全面侵攻以後の接近は、その度合いが以前までとは大きく異なる。特に経済面では、ヨーロッパや日本に代わる重要なパートナーとして金融、貿易の両面で関係を深めている。アメリカと対立する中国・ロシアの連携は、国際社会におけるアメリカ、ヨーロッパ、日本など自由主義陣営との対立構図を、否応なしに際立たせている。

ただ、ロシアと中国の関係は、旧ソ連時代などに見られた両国間の関係とは、大きく様相が異なる。ロシア・中国間の国力が冷戦時代から逆転し、その差が比べようがないほど拡大しているのだ。そのためロシアは、中国への依存ともいうべき状況に陥っている。ソ連崩壊以後のロシアが進めてきた欧米との関係改善に見切りをつけたとも言えるが、このような構図は本当にプーチン政権が望んだものだったのかは、疑問を投げかけざるを得ない。

象徴的な出来事があった。二〇二三年三月の、中国の習近平国家主席によるロシア訪問だ。その様子は、ロシアと中国の国力の差を、強く国際社会に印象付けるものだった。

「ふたつの共同宣言は、ロシア・中国関係の特別な性格を反映している」

「われわれの関係は歴史上、最高のレベルにある」

「私と習国家主席は常に連携している。首脳会談だけでなく、国際行事、電話、オンラインでも、互いの関心事項を話し合っている」

三月二一日、モスクワでの公式会談後に会見したプーチン大統領は、ロシアが中国といかに深く連携しているかを並べ立て、さらに貿易、エネルギー、農業、輸送、衛生、スポーツなどの分野をひとつひとつ列挙して、中国との関係強化が進んでいると強調してみせた。

これに対する習主席の発言は、両国関係の発展を歓迎する内容だったものの、プーチン大統領の発言よりはるかに簡潔だった。プーチン大統領が対中関係で〝前のめり〟

になっているかのような印象を与える内容だった。

会談が行われたのは、プーチン政権がウクライナ侵攻を開始してから一年が過ぎたタイミングであり、終わりが見えない戦争の実情が浮かび上がっていたころだった。ロシア軍はウクライナ東部の要衝、バフムトの陥落に手こずり、年初には軍制服組トップのワレリー・ゲラシモフ参謀総長を総司令官に据える異例の人事に打って出るなど、ロシア軍の行き詰まりが鮮明になっていた。

一方のウクライナ軍は、春の訪れとともに本格的な反攻作戦を始める方針を明らかにし、ロシア国内でも動揺が広がっていた。プーチン大統領は習主席との会談を活用し、国民の間で厭戦ムードが強まる事態を避けようとした可能性がある。

ただ、習主席とプーチン大統領の立ち位置には、明らかに〝差〟が生まれていた。ロシアが苦戦を続けるなか、中国政府は二〇二三年二月二四日、「ウクライナ危機の政治的解決に関する中国の立場」と題する一二項目からなる文書を発表していた。各国の主権の尊重を掲げる一方、ウクライナ侵攻への批判はせず、ウクライナ側が求めるロシア軍の撤退にも言及していないという、極めてロシア寄りの内容だった。

主権の尊重を訴えているにもかかわらず、侵略した側のロシアを非難しない。さらに、ウクライナの領土の回復も要求しないという中国の提案にウクライナが応じることはあり得ず、中国の提案が形式的なものであることは明白であった。しかし、和平を訴えることで中国は〝仲介者〟としての立場を国際社会にアピールできる。一方で、ロシアに対しても恩を売ることができる。中国のしたたかな外交戦術だった。

中国は直後の三月には、断交状態にあったイランとサウジアラビアの外交関係の正常化を極秘裏に仲介し、さらに同月には各国の政党指導者らに対し、欧米型の民主主義体制とは異なる〝中国独自の近代化の方式〟を世界に普及させると表明してみせた。ウクライナ侵攻をきっかけに多くの国々との関係が寸断され、中国への依存度を高めざるを得なくなっているロシアとは、その差が鮮明になっている。

中国の「格下のパートナー」に

両国の経済力にも圧倒的な差がある。世界銀行の統計によれば、ロシアの国内総生産（GDP）は二〇二二年時点で約二・二兆ドルだが、中国は約一八兆ドルで、八倍ほどの差がある。人口規模でもロシアの一・四億人に対し、中国が一四億人と、一〇倍の差がついている。

一九七〇年時点では、ソ連のＧＤＰは中国の約五倍であったとされ、経済力ではソ連が圧倒的に優位だった。その立場は、その後のソ連経済の停滞とロシアの発展の遅れ、一方の中国の急激な経済成長で、完全に立場が逆転している。

経済規模でアメリカに迫りつつある中国の存在は、ウクライナ侵攻で欧米や日本の経済制裁にさらされるロシア経済にとり、重要な命綱となっている。ただ、それはかつて共産主義国家として中国の手本であったソ連・ロシアが、今や経済面で中国の格下のパートナーになっている実態を浮き彫りにしている。

約四〇〇〇キロメートルもの国境で接し、人口規模で圧倒する中国に対してロシアは長年、慎重な関係を維持してきた。私はモスクワ特派員時代、ロシアが主要国の中で唯一、首都に「中華街」を持たない国で、それは「人口が希薄で経済が脆弱なシベリアや極東地方が中国の圧力にさらされれば、中国の経済圏に飲み込まれてしまう」危険があるからだと、日露の貿易関係者から説明されていた。

しかし、二〇一四年のクリミア併合以降、ロシアは中国との関係強化を余儀なくされていった。ロシアは中国やインドなど、新興経済国で構成する「ＢＲＩＣＳ」を重視する姿勢だと強調していたが、実態は中国の国際的な影響力の高まりを後ろ盾に、自国の国際社会からの孤立イメージを薄めようとしている実態が鮮明になっていた。「対中警戒などと言っている場合ではない」と、あるロシア人専門家は語っていたが、その度合いはウクライナ侵攻を経て、一層深まっている。

現在の中国・ロシア関係を象徴していると感じられる場面もあった。習主席との首脳会談で、プーチン大統領は中国への天然ガス輸出について触れ、新たなガスパイプラインの敷設計画について「われわれは〝事実上〟すべての項目で合意した」と語った。「事実上」ということは、実際には最終合意に達していないことを意味していた。巨大市場だったヨーロッパへのガス輸出が今後、見通せない状況となるなか、ロシアは新たなパイプラインを通じ、対中輸出を拡大させる姿勢を鮮明にしている。ただ、中国側は過去のパイプライン輸出の案件でも、ロシアに大幅な値引きを要求してきたとされ、それが両国間の合意の遅れを引き起こしていたと指摘されている。

新パイプラインをめぐっても、価格面で厳しい値下げ交渉が行われている可能性が高い。中国側の要求の厳しさが、交渉長期化の要因になっていることは間違いないだろう。

中印が下支えするロシアの石油

そのような厳しい中国の値下げ攻勢を、ロシアが断ることは困難だ。中国やインド、トルコなどによるロシア産原油の爆買いは、ロシア経済の背骨となりつつある。ロシアは二〇二二年、各国の制裁の影響でマイナス一〇％の経済成長率もあると予想されていたが、実際にはマイナス二・一％にとどまった。

ロシア産原油、天然ガスの輸入制限や、原油の購入価格に上限を設けるなどの経済制裁を通じてロシアの行動変容を促そうとしたG7などの欧米諸国は、完全に肩透かしを食らった格好だ。

この時期に行われた、中国、インドによるロシア産原油の購入とはどのようなものだったのか。

ロシアNIS貿易会（東京）のまとめによれば、二〇二二年のロシア産原油の対中輸出量は、前年比八・三％増の八六二五万トン、対インドでは、実に六・九倍の三一四五万トンに急増した。インドをめぐっては、ロシア産原油をさらに精製して、ヨーロッパを含む海外に大量に輸出していた実態が報じられている。両国の需要増を受けて、ロシアの同年の原油生産量は減るどころか、むしろ前年比で二・一％増となった。

ロシア産原油の輸入をめぐり、インドはエネルギー安全保障上、どの国の原油であろうとも、その値段が安ければ買うという姿勢を強調している。インドが購入し、精製したガソリンが国際市場に出回らなければ、世界的なエネルギー価格の上昇をさらに押し上げるのは必至だ。インドの行為の恩恵を各国が受けているという事実は否定できない。

中国、インドだけでなく、油価高騰に苦しむパキスタンなどもロシア産原油の輸入を開始したほか、原油生産国のサウジアラビアすら、廉価なロシア産原油の輸入を増やして国内消費に充てることで、より高額で販売できる海外への原油の輸出量を増やしていると報じられている。ロシア産原油が国際市場に出回ることを食い止めることは、事実上不可能に近い。

ただ、G7などが設定した上限価格は、対ロシア制裁に加わらない国ですら、ロシア産原油を購入する上で、価格交渉で優位に立てるメリットをもたらしている。ロシアは、廉価に原油を売り続けざるを得ず、さらに生産面でも経済制裁により、石油の国際大手（メジャー）が持つ最新の油田掘削技術や機器などが手に入らなくなっている。これは、開発が容易な西シベリアの油田が枯渇、老朽化し、シベリア東部や北極海など、より困難な油田開発が必要なロシアにとり打撃だ。ロシアは中長期的には、原油生産では価格、生産量ともに伸び悩む可能性が高く、ロシア経済も打撃を避けられないだろう。

核の脅威

ロシアはさらに、核兵器の管理体制をめぐっても、欧米との駆け引きの道具に使い始めた。ロシアは核弾頭の保有数で世界最多とされる核大国だ。ソ連はゴルバチョフ政権時代に、核管理をめぐりアメリカとの協調路線に舵を切ったが、その路線を完全に覆す動きといえる。核軍縮すらカードに使い始めたプーチン政権の行動は、ウクライナから手を引く気はないというプーチン大統領の強い意志を示す一方、国際社会を核の脅威にさらし、道連れにすることも厭わないという思考を映し出している。

「私は、ロシアがやむを得ず、新戦略兵器削減条約（新ＳＴＡＲＴ）の履行を停止することを表明する。条約からの離脱ではない。この問題を協議する前に、われわれはフランスやイギリスといったNATO加盟国が何を考えているのか、明確に知る必要がある」

二〇二三年二月二一日に行った年次教書演説で、プーチン大統領はロシアによる新STARTの履行停止を宣言した。ロシアの上下院は、翌日には履行停止をめぐる法案を承認するなど、その動きは迅速だった。

新STARTとは、第一次戦略兵器削減条約（START1）の後継として二〇一一年二月にアメリカとロシアの間で発効した核軍備管理条約で、配備戦略核弾頭の総数を一五五〇発に削減することなどを義務付けている。両国は条約に基づき、ミサイルなどの配備状況や、位置情報なども交換してきた。米露間に存在する唯一の核軍備管理条約で、ロシアの動きは核兵器の配備をめぐる米露、さらに世界全体における核配備をめぐる不信の増大をもたらすのは必至だ。

ロシア外務省は、プーチン大統領が年次教書を発表した同じ日に、「アメリカが長年にわたり、条約に実質的に違反してきた」と主張し、条約を順守するという〝誠実な意思〟を示すよう要求したというが、その意思とは突き詰めれば、「ウクライナへの支援をやめる」ということであるのは疑いようがない。ロシアは自国が侵攻するウクライナを支える欧米を翻意させるために、核軍縮を駆け引きの道具に持ち出したというのが実態だ。

新STARTにとどまらない。プーチン大統領は二〇二三年三月二五日には、同盟関係にあるベラルーシの要請を受けたという理由で、同国に戦術核兵器を配備すると表明した。戦術核とは、戦場や相手の軍事拠点などを攻撃対象とすることを念頭に置いた核兵器のことで、都市など広範囲を攻撃する戦略核と区別される。

ウクライナと国境を接するベラルーシへの戦術核の配備は、実際に攻撃が行われる懸念を増幅させるのは必至だ。ベラルーシのルカシェンコ大統領は五月下旬には、戦術核兵器のベラルーシへの移送が始まったと述べ、配備されるベラルーシ国内の場所や、個数についても合意したと語った。

ロシアとベラルーシの関係は、単純な同盟関係とは言い難い。ルカシェンコ大統領は、一九九四年から同国の大統領の座を維持してきた〝ヨーロッパ最後の独裁者〟とも呼ばれる人物で、老獪な手法でロシアに付け入り、エネルギー協力などを引き出してきた経緯がある。

ベラルーシへの戦術核の移送は、逆にロシアを揺さぶる交渉の道具にもなりかねない。ただ、いずれにせよ、プーチン大統領は可能なすべてのルートを使い、欧米とウクライナを揺さぶっている。今後は、事実上ロシアの占領下にあるジョージアやモルドバの一部、さらにウクライナ東部でも、同様の動きが起きる可能性が懸念される。

プーチン大統領はさらに、二〇二三年一一月には、包括的核実験禁止条約（CTBT）の批准を撤回する法律に署名した。同条約をめぐってはアメリカも批准していないが、核軍縮の進展を後退させることで、ロシアが核管理をめぐる国際体制を揺さぶり続けていることは間違いない。

国連安全保障理事会の常任理事国で、核兵器を保有するロシア、アメリカ、中国、フランス、イギリスはウクライナ危機が勃発する直前の二〇二二年一月に、核戦争の防止と軍拡競争回避に関する共同声明を発表していた。その声明には、以下のように記されていた。

「われわれは、核戦争には勝者というものはなく、決して戦ってはならないものであることを確認する」

「われわれは、このような兵器のさらなる拡散を防止しなければならないと、強く信じている」

「われわれは、核兵器なしでもすべての人々の安全が損なわれないという究極の目標に向けて、そのような環境を生み出すためにすべての国々とともに行動することを強調する」

一九八〇年代後半に旧ソ連が崩壊に向かった理由のひとつは、アメリカとの際限なき核軍拡競争により、ソ連の国力が疲弊してしまったことにあった。

プーチン大統領がそのような歴史の教訓を軽んじ、核軍縮を進める責任も放棄して世界の核開発競争を加速させるのであれば、それは世界にとっても、ロシア国民にとっても、あまりにも大きな痛手になると言わざるを得ない。

ロシア市民の力

「あなた方は冷戦に負けたんじゃない。ソ連の一般市民こそが、冷戦を終わりに導いた〝勝者〟じゃないか。あなた方は、世界に希望を与えたんだ」

モスクワで学んでいた一九九〇年代、同じ寮に住んでいた旧ソ連カザフスタン出身のバビットという学生との会話を、今でも思い出すことができる。日本人の青臭い、能天気な発言だったかもしれないが、「ソ連は冷戦に負けた」と、悔しさをにじませるように彼が言ったとき、当時の私はありのままの思いを伝えた。

だが、独立の先陣を切ったバルト三国などの国民はともかくとしても、ロシアを中心とする旧ソ連の人々の多くは、彼と同じく冷戦の敗北に対し悔しい思いを抱いていたのではないだろうか。特にロシア人におけるこうした負の感情は、ソ連崩壊を「二〇世紀最大の地政学的大惨事」と形容し、欧米を敵視するプーチン大統領への支持の伏線となっていく。

だが同時に、ソ連末期に民主化を求め、冷戦終結の過程で重要な役割を担ったのも、彼らソ連市民、そしてロシア市民だったのである。末期ソ連の改革は、まず政権が主導したという側面があり、その後のソ連崩壊も指導者層の権力闘争の産物であったことも否めないが、自由を求めて大きな一歩を踏み出した旧ソ連の人々の行動が世界の歴史を変えたことも、また事実である。その後のロシアの歩みを見れば見るほど、彼らが踏み出した一歩がいかに重要だったかに気付かされる。

当時と比べ、ロシアは今、比較できないほど豊かになった。しかし、多くのロシア人は一方で、「豊かさ」と「自由」は同居しないと考えている。そう考えるよう、仕向けられてしまっている。そこに、ウクライナ侵攻という政権の暴走を、ロシア国民が食い止められなかった一因がある。

ロシアはソ連崩壊のような悲劇を再び経なければ、この暴走をやめることはできないのか。もしそうなのだとすれば、それはロシア、ウクライナ、その他の世界にとり、その代償はあまりにも大き過ぎる。

だが私は、理想論と言われようが、ロシア人にはこの戦争を止めるに足る力が本来はあるのだと信じている。

おわりに CONCLUSION

「二〇二四年、新年あけましておめでとう。最高の一年になることを祈っています。地震が起きたと聞きました。これは、大阪、京都で起きたのかい？　ご家族の安否を心配しています。また状況を教えてね」

この文章を書き始めた二〇二四年一月二日、ロシアの古い友人から突然、こんなメールをもらった。一日に石川県能登地方を襲った地震を心配してのことだった。私が居住する大阪では、目立った被害はなかったが、真っ先に心配をして、連絡をとってくれたのだ。

ロシアに居住したり、ロシア人と交流したりすると気が付くのは、彼らの多くはとても純朴で、素晴らしい人柄だということだ。家族でロシアに赴任していたとき、幼い子供を連れてモスクワ市内を歩けば、多くの人々が笑顔を向けてくれた。母親が一人で幼児を連れていれば、見知らぬ人が「荷物を持ちましょう」と手を差し伸べてくれ、電車に乗れば必ずといっていいほど、席を譲ってくれた。日本ではなかなかないことだ。

そのような人々が、現在のウクライナ侵攻をめぐる状況に胸を痛めていないわけはない。しかし、政権が進めることに対し、彼らは思考停止ともいえるほど、無関心な状態に陥ってしまう。「真剣に悩んだって、何にもならない」とほとんどの人が考えているためだろう。それはソ連時代の圧政を耐えてきた市民が培ってきた、生き抜くすべだったといえなくもない。

そして今もまた、彼らは現在の状況に目をつむりながら、または政権や国営メディアが振りまくプロパガンダを信じながら、それらに従う〝良き市民〟であり続けようとしている。

しかし、私はそのような状況すら、本書の発刊直前の三月一五～一七日に実施されるロシア大統領選を機に、変化してしまうのではないかと懸念している。

二〇二二年二月に始まったウクライナ侵攻は、プーチン政権が国民に信を問うこともなく、一方的に開始したことだ。しかし、今回の大統領選でロシア国民は、プーチン大統領が決定してきたことに、投票という自らの行動を通じて「賛成」することになる。彼らはこの侵攻に対し、いわば〝連帯責任〟を負うことになる。

そのような状況は、多くのロシア人の心に、さらなる虚無感をもたらすのではないか。またはさらに積極的に、ウクライナ侵攻に賛同する結果につながるのではないか。政権の暴走を、挙国一致で国民が明確に支持するという、より危険な状況が生まれると感じられてならない。

そのような状況に、国際社会、また私たちは、どう相対していくのか。胸を突くような厳しい問いに、私たちは答えていかねばならない。

本書の執筆にあたっては、多くの方のご支援を賜った。編集の労をとってくださったウェッジ社編集部の木寅雄斗氏、本書籍の基礎となった、産経新聞紙面での連載企画、長期出張を支えてくれた外信部、大阪経済部の皆様に、心から感謝を申し上げたい。

また誰よりも、ロシア、ウクライナの双方で、時には危険を承知しながらも、その思いを率直に語ってくれた人々に、最大の謝意を表したい。

二〇二四年一月　大阪にて

黒川信雄

[著者プロフィール]

黒川信雄（くろかわ・のぶお）

イギリス・ウェールズ大学ジャーナリズム学部修士課程修了。ロイター通信財団、日本工業新聞社を経て、産経新聞社入社。経済部、外信部を経て2014年11月から18年1月までモスクワ特派員。現在は大阪経済部記者。

空爆と制裁
元モスクワ特派員が見た戦時下のキーウとモスクワ

2024年3月20日　第1刷発行

著　者　黒川信雄
発行者　江尻 良
発行所　株式会社ウェッジ
〒101-0052 東京都千代田区神田小川町一丁目3番地1
NBF小川町ビルディング3階
電話 03-5280-0528　FAX 03-5217-2661
https://www.wedge.co.jp/　振替 00160-2-410636

装幀・デザイン　冨澤 崇
組版・印刷・製本　株式会社シナノ

※定価はカバーに表示してあります。
※乱丁本・落丁本は小社にてお取り替えいたします。

ISBN 978-4-86310-280-4　C0036